Max Kläger

KRAMPUS: Die Bilderwelt des Willibald Lassenberger

Max Kläger

KRAMPUS:
Die Bilderwelt des Willibald Lassenberger

Ein behinderter Künstler in der evangelischen Stiftung de La Tour

 Schneider Verlag Hohengehren

Danksagung an

Frau Elsbeth Wagner für den entscheidenden Hinweis,
Frau Christl Szepannek für die selbstlose und geduldige Mitarbeit,
Herrn Rektor Roland Ratz für verständnisvolle und energische Unterstützung,
Frau Doris Schmitt für das mühevolle Schreiben des Manuskripts,
Frau Neita Kläger für wiederholtes Korrekturlesen,

die Schömer Unternehmensgruppe, Klosterneuburg,
die Kärntner Landesregierung, Klagenfurt,
die Freunde der Ev. Stiftung de La Tour.

Die Deutsche   Bibliothek – CIP-Einheitsaufnahme

Kläger, Max:
Krampus: die Bilderwelt des Willibald Lassenberger : ein behinderter Künstler in der Evangelischen Stiftung de La Tour /
Max Kläger. – Baltmannsweiler: Schneider Verlag Hohengehren 1992
  ISBN 3-87116-908-0
NE: Lassenberger, Willibald (III:)

Inhaltsverzeichnis

Vorwort

Es ist ja ein und derselbe Vorgang, der mich dazu treibt, den Lärm, der auch im Schweigen steckt, die Bewegung im Unbeweglichen, das Unendliche im Endlichen, die Form in der Leere aufzusuchen – und mich selbst in der Anonymität.

Joan Miró

Wenn die Kunstgeschichte unseres Jahrhunderts ein Einziges bewiesen hat, dann besteht dies darin, daß authentische kreative Bildnerei weniger mit intellektueller Planung und geometrischer Gesichertheit zu tun hat, als vielmehr mit dem merkwürdigen Bereich des Traumes und des Prälogischen, darin der Einzelne sich oft zu verlieren wähnt, dieweil er sich doch dabei selbst finden kann. „Echte Kreativität ist immer mit dem Chaos des Primärvorganges eng verbunden", warnt Anton Ehrenzweig, indem er seine Leser darauf aufmerksam macht, daß das moderne Kunstwerk zuerst als undifferenziertes und chaotisch wirkendes Konglomerat scheinbar disparater Elemente wirken kann, später aber eine versteckte Struktur („a hidden order") enthüllt, die den Betrachter einen Schritt weiter bringt im Verständnis der geheimen Symmetrie zwischen einer freien Gestaltungsvision und deren Verhältnis zur Außenwelt.

Daß das Untertauchen unter die Oberfläche des Bewußtseins zu neuen und aufschlußreichen Perspektiven führt, ahnte man schon längst, zumal das Expressive in der Malerei seit Anfang dieses Jahrhunderts mit einer Fahrt ins Dunkle und ins Tiefe verbunden worden ist. Man hat gelernt, daß, was die höhere Logik klar zu unterscheiden weiss, hier wundersam verbunden und verschmolzen wird: in diesem Raum der unscharfen Zeichen werden das Bekannte und das Fremde eins, gleich wie das Naive und das Tiefsinnige, das Einfache und das vielfach Symbolhafte. Hier gibt es kein Aufwärts und Abwärts, kein Links und Rechts mehr, nur die gleichsam elektrische Ausstrahlung einer zentralen Matrize, die neue Formen zustandebringt und zerfallen läßt, und immer verblüffendere Kombinationen erfindet. Der Ursprung alles Kreativen ist ja dieser unbewußte Mittelpunkt, der im Menschen erst so richtig zum Vorschien kommt, wenn die Bollwerke, in denen sich der wache Geist verteidigt, außer Kraft gesetzt worden sind.

Die These dieses Buches besteht darin, daß es von Zeit zu Zeit gewissen Menschen möglich ist, sprachliche und intellektuelle Defizite zu umgehen, um direkt am individuellen Gestaltungsimpuls anzuknüpfen, der spontan in Gang kommt, wenn sogenannte normale Denk- und Verhaltensprozesse aufgehoben werden. „Ist Sprache zum Denken unentbehrlich?" hat sich schon der Dichter Novalis gefragt. Und was Paul Klee als „bildnerisches Denken" gekennzeichnet hat, dürfte wohl der an Trisomie 21 leidende Willibald Lassenberger kaum begrifflich erfaßt haben; dennoch beweisen seine Bilder und seine anderen kreativen Leistungen, daß er trotz allem die Gabe hat, auf das Genaueste, Ideen und Gefühle aus dem Unbewußten

1

heraufzuholen und in bildnerischer Form uns zu vermitteln.

Es ist die Absicht Max Klägers, die fast schockierende Vielfalt solcher Vorgänge und deren visuelle Manifestationen zu erforschen und zu deuten: in dieser Monographie schildert er mit vortrefflicher Klarheit die semiotischen und symbolischen Zeichen eines Werkes, dessen affektive Farben und überzeugende Metaphorik dem Leser sowohl Genuß wie auch Einsicht bieten werden. In seiner Analyse ging es dem Autor nicht nur darum, fertige Bilder zu betrachten, sondern auch die rituellen Vorgänge, in denen diese Bilder verwurzelt sind, sowie deren unmittelbare soziale und psychische Umstände, insofern diese mit Hilfe von Video und Notizblock aufgenommen werden konnten. Er kennt den Künstler persönlich, besucht ihn oftmals, und steht in Freundschaft zu ihm. Was Kläger schon in seiner Studie über Jane Cameron bewiesen hat, wird hier nochmals bestätigt: Sympathie mit der kreativen Persönlichkeit ist wohl die beste Grundlage zum Verständnis ihrer bildnerischen Impulse. Max Kläger spricht von einer qualitativen und phänomenologischen Haltung, was soviel heißt als Zuneigung und Einfühlungskraft, und zwar ohne jegliche Spur von Herablassung. Wir können ihm dankbar sein, dass er uns hier einen Einblick in jene dunkle Tiefen gibt, wo Primärvorgänge herrschen und die Quelle menschlicher Sensibilität in ihrer ganzen schöpferischen Fruchtbarkeit zu erahnen ist.

Roger Cardinal
University of Kent at Canterbury

Einführung

Der amerikanische Kreativitätsforscher Mihaly Csikszentmihalyi gibt in seinem Buch *Flow – The Psychology of Optimal Experience* – eine eindrucksvolle Beschreibung eines Zustandes, den er „optimal experience" oder auch autotelische, selbstbelohnende Erfahrung nennt. Ein Hauptcharakteristikum ist Ruhe und ausdauernde Konzentration, die eine solche Erfahrung voraussetzt und die den in der Erfahrung aufgehenden Menschen alles andere vergessen läßt. Willibald Lassenberger, der down-syndrome Künstler, ist eine solche Persönlichkeit, die beim Malen und Zeichnen – flow – erkennen läßt. Der interessierte Beobachter ist immer wieder beeindruckt von der Tatsache, daß er an einer bildnerischen Aufgabe stundenlang, mit hartnäckiger Ausdauer und totaler Versunkenheit arbeitet. Wobei es vorkommen kann, daß er sogar die Befriedigung körperlicher Bedürfnisse aufschiebt, solange bis das Bild fertiggestellt ist.

In den folgenden Kapiteln wird versucht, als Ergebnis einer 12jährigen monographischen Langzeituntersuchung, Person, künstlerisches Lebenswerk und Umweltbedingungen des als „geistig behindert" eingestuften Willibald Lassenberger zu schildern.

Zuerst wird der biographische Hintergrund erläutert, dann die Untersuchungsmethoden beschrieben. In einem weiteren Kapitel geht es um begriffliche Abgrenzungen, um Probleme, die mit bildnerischem Denken und Kreativität verbunden sind, unter Einbeziehung bedeutsamer Beiträge aus der Fachliteratur im weiteren Sinne. Eine Beschreibung des Werkes und seiner stilistischen Eigenarten mündet dann weiter in eine Serie von Einzelinterpretationen, die wiederum mit den anschaulichen Erkenntnissen aus Videofilmen der Jahre 1990/1991 in Beziehung gesetzt werden. In einem weiteren Abschnitt kann der Leser sich auf einen Vergleich der Arbeiten Willibald Lassenbergers mit denen Jane Camerons, der down-syndromen Künstlerin aus Kanada, einlassen. Ein Exkurs über die Malereien eines eidetisch geprägten Behinderten, der ebenfalls in der Treffener Werkstatt arbeitet, erschließt eine weitere Erkenntnisquelle im Rahmen der vorliegenden Langzeituntersuchung.

I. Biographischer Hintergrund; die Werkstatt der Evangelischen Stiftung de La Tour in Treffen

Willibald Lassenberger, geboren 1952, entstammt einer Arbeiterfamilie aus dem Metnitztal in der Nähe von Friesach, Unterkärnten. Als jüngstes von acht Kindern zeigte Willibald die Symptome des Down-Syndroms (Trisomie 21), was in der damaligen Zeit „ungeeignet für den Schulbesuch" bedeutete, und ihn so als Analphabet aufwachsen ließ. Mit zwölf Jahren kam er in ein Behindertenheim in der Nähe von Graz. Kurz danach starb sein Vater. Im Grazer Heim ereignete sich ein traumatischer Vorfall, der Willibald in Lebensgefahr brachte und zu einem Krankenhausaufenthalt führte. Seine sprachliche Artikulationsfähigkeit ist stark behindert. Auch verlor er schon früh alle seine Zähne. Auf dem linken Auge sieht er schlecht. Ab 1968 arbeitete er in verschiedenen Werkstätten bzw. heilpädagogischen Anstalten. 1973 fand Willibald Aufnahme in der Evangelischen Stiftung de La Tour in Treffen bei Villach. Dort befindet sich eine Werkstatt für geistig Behinderte, in der hauptsächlich kunsthandwerkliche Gegenstände, von Zeit zu Zeit aber auch Zulieferaufträge für die Industrie ausgeführt, aber auch landwirtschaftliche Arbeiten verrichtet werden. In Treffen fand er die fürsorgliche Betreuung und das nötige Verständnis für seine künstlerische Begabung. In der sog. Meierei arbeiten ca. 35 Behinderte aller Altersstufen. Das jetzige, weit ausgedehnte Behindertenzentrum, in herrlicher landschaftlicher Lage, umfaßt auch eine Rehabilitationsklinik für Suchtgefährdete sowie ein breites Angebot institutioneller und ambulanter Betreuung für geistig behinderte Menschen. Diese von der Evangelischen Kirche getragene Institution entwickelte sich aus dem von der Gräfin de La Tour im Jahre 1873 gegründeten Tagesheim. Das Stammhaus der

Gebäude der Meierei (Werkstatt) nahe Treffen im Nockalpengebiet Kärntens

Stiftung war das Landgut Russiz in der Nähe von Görz in Friaul, Italien.

Die bildnerische Begabung Willibald Lassenbergers wurde nach der Übersiedlung in die Stiftung de La Tour bald erkannt und auch gefördert, trotz anfänglichen Mangels an Papier- und Zeichenmaterialien. Im Jahre 1980 begann die das Werk begleitende monographische Untersuchung. Teil des Projektes bestand auch darin, durch regelmäßige Arbeitsbesuche Willibald mit verschiedenen Verfahren der Bildherstellung vertraut zu machen und ihm auch Reproduktionen von Werken der sog. hohen Kunst zur Betrachtung anzubieten. Mit dieser Betreuung verband sich dann ab 1983 eine regelmäßige Ausstellungtätigkeit in Österreich und Deutschland, die auch mit Verkaufserfolgen verbunden ist. Eine ganze Reihe von Willibalds Bildern ist inzwischen von der Stiftung de La Tour auch in Form von Postkarten veröffentlicht worden.

II. Ziele, Methoden, Untersuchungsdesign

Das Ziel der Untersuchung ist ein doppeltes: einerseits sollen Erkenntnisse gewonnen werden, welche die künstlerisch-praktischen Fähigkeiten geistig behinderter Erwachsener, insbesondere aber down-syndromer Menschen ergründen, um dann einfühlsame Förderungsmöglichkeiten auszuloten. Andererseits geht es um die Verdeutlichung von Grundstrukturen bildnerischen Denkens, die, so die Hypothese, in ihrem archaischen Charakter bei Behinderten und Nichtbehinderten, z.B. Kindern, ähnlich sind und die durch das Fehlen verbal-begrifflicher Überlagerungen bei Willibald Lassenberger und anderen Behinderten besonders deutlich zum Vorschein kommen.

Es war von vorneherein klar, daß Methoden, welche auf statistisch zu verarbeitender Meßbarkeit und den damit verbundenen Verallgemeinerungen beruhen, hier nicht in Frage kommen. Einer monographischen Langzeituntersuchung entsprechen Verfahren, in denen ästhetische Qualitäten und einfühlsame Beobachtungen eine Hauptrolle spielen. Sie ist nicht quantitativ sondern

qualitativ und phänomenologisch orientiert. Die damit verbundenen Untersuchungsmethoden können unter dem Begriff „naturalistisches Bewertungsmodell" (Rubin, 1982) zusammengefaßt werden. In solch einer „sanften" Art der Untersuchung werden Haltung und Person des Forschers nicht maskiert. Die schriftliche, nicht-verbale Kommunikation zwischen Forscher und Probanden spielt sich auf ästhetische Weise ab. Briefe, Karten, Pakete, Dankesschreiben werden wertvoll und „schön" gemacht, z.B. durch gutes Papier oder kalligraphische Beschriftung. Es gilt das Motto: „Das ästhetisch Anspruchvolle ist gut genug, auch für Behinderte".

Dies gilt auch dann, wenn der behinderte Adressat, wie im Falle Willibald Lassenbergers, nicht lesen kann. Die ästhetische Sensibilität wird dabei trotzdem angesprochen und dem Kommunikationswillen Rechnung getragen. Willibald Lassenberger teilte sich mehrmals mit Postkarten mit, die er mit seinen eigenen Schriftzeichen bedeckte. Diese sind zwar nicht lesbar, aber sie können doch ästhetisch entziffert werden. Bei der vorliegenden Studie vollzogen sich die Beobachtungen, Vergleiche und Analysen also auf zwei Ebenen:

Personenbezogen

Geplante und spontane Gespräche; „teilnehmende" Langzeitbeobachtungen; Freizeittätigkeiten, Nicht-verbales Verhalten; der Umgang mit den Mitbehinderten bzw. mit den Betreuern und Verwandten; persönliche Daten und Besonderheiten; unaufdringliche Maßnahmen wie Themenvorschläge; Kontrollgespräche bezüglich bestimmter, evtl. wiederkehrender Inhalte; Erlebnisse und Rituale; Foto- und Filmdokumentationen; Ausstellungsverhalten.

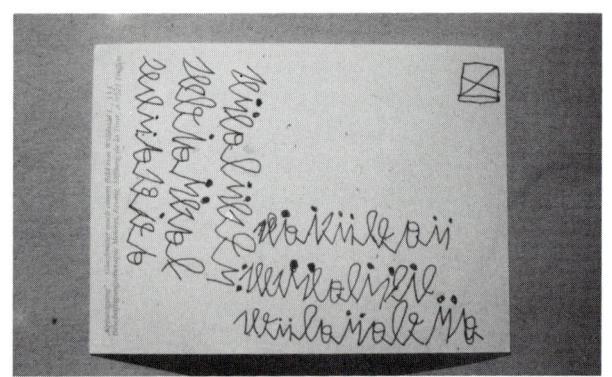

Beschreibende, wertende und vergleichende Werk-
analysen von Bildern, die mit unterschiedlichen Werk-
zeugen und Materialien gefertigt wurden; regelmäßi-
ger Einsatz offener Malbücher; die Weiterbehandlung
von Formvorgaben und der Vorgaben des Wartegg-
Tests; Fotodokumentation; Präferenzen in der Bilder-
wahl.

Willibald Lassenberger vor dem Werkstattgebäude, in
seiner Lieblingsverkleidung als Sheriff. Das Foto vermittelt etwas von der forschenden Aufmerksamkeit und tiefen Konzentration, die dem Künstler das Rohmaterial
für seine inneren Vorstellungen geben. Dabei gelang es
dem Fotografen auf eindrucksvolle Weise, die Würde des
Menschen Willibald Lassenberger sichtbar werden zu
lassen.

Abb. 1

III. Manifestationen bildnerischer Denkvorgänge

Bezugnehmend auf die in Kapitel II erläuterten Ziele werden im folgenden Denkvorgänge untersucht, die, so die These, bei geistig behinderten Menschen besonders ausgeprägt sind. Die aber gleichzeitig auch bei Kindern, sowie in „primitiven" und archaischen Kunstäußerungen vorkommen. Dazu werden aus der Fachliteratur vorwiegend psychologische Erkenntnisse mit herangezogen.

Die These also, die hier vorgetragen wird, lautet: Die Bildwerke geistig behinderter Menschen, insbesondere der Down-Syndrom-Geschädigten, aber auch der Kinder, der Primitiven und archaischer Künstler sind Niederschlag eines urtümlichen bildnerischen Denkens. Extremfälle der hier vorgestellten Art (darunter auch das außergewöhnliche Werk Jane Camerons) können dazu beitragen, wesentliche Aspekte eben dieses bildnerischen Denkens zu erkennen. Dieses Tun und Denken speist sich aus neuralen Vorgängen, die vornehmlich in der rechten Gehirnhälfte angesiedelt sind, und die gleichzeitig einen archaischen, phylogenetisch frühen Charakter haben, Symbolbezüge aufweisen und sich in Bildern konkretisieren, die eine variable Metapherndistanz besitzen.

Aufbauend auf einem Ausspruch Paul Klees „Alle Kunst ist Erinnerung an das Uralte, Dunkle, von dem Fragmente im Künstler immer noch leben" soll im folgenden von verschiedenen Blickwinkeln, eben das „Uralte, Dunkle", das dem künstlerischen Gestalten zugrundeliegende Denken beleuchtet werden.

Bildnerisches oder präsentatives Denken unterscheidet sich grundsätzlich von begrifflich-rationalem Denken (Langer, 1965). Das nebenstehende Beispiel zeigt

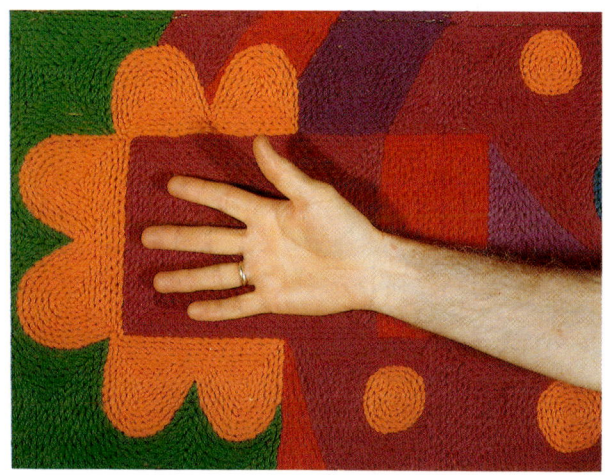

Abb. 2. Ausschnitt aus einem Wandteppich Jane Camerons

uns, daß die auf diesem Denken beruhende Gestaltgebung nicht vom Wissen um eine wiedererkennbare, in Zahlen konstant fixierbare Zahl der Finger ausgeht oder deren Anordnung in der Wirklichkeit berücksichtigt, sondern eigenen Gesetzen der Wahrnehmungsverarbeitung und Vorstellungspräsentation folgt. Die vor den Teppich gehaltene wirkliche, „echte" Hand mit fünf Fingern unterliegt in unserer alltäglichen Wahrnehmung dem Gesetz der Formkonstanz. Unser begrifflich orientiertes verbales Wissen reziepiert die Hand als eine Form mit vier Fingern, einem Daumen, einem Handteller. Das bildnerische Denken jedoch stellt die Hand in einen Formzusammenhang, der von der jeweiligen Gestaltungsstruktur des *Gesamtbildes* bestimmt wird. So werden in unserem Beispiel die einzelnen Finger in einer Art Form- und Vorstellungsregression zu bloßen Auskragungen globalisiert bzw. in das Prokustesbett neuraler Gestaltschemata gepreßt. Entscheidend für die Formerfassung durch den „primitiven Menschen" ist die Anschaulichkeit der Auskragungen. Sind diese, wie in unserem Beispiel, von einer rechteckigen Endform abhängig, müssen sie sich an die drei ungefähr gleich langen Kanten anpassen. So erfordert die anschauliche Logik dieses bildnerischen Denkens die Ausstattung mit jeweils zwei Auskragungen an den drei freien Seiten, also eine Gesamtzahl von sechs Fingern. Folgen wir dieser Logik weiter, dann könnten es auch nur drei Finger sein, je einen großen an den drei Seiten oder es könnten gar neun Finger sein, gemäß derselben Gestaltlogik.

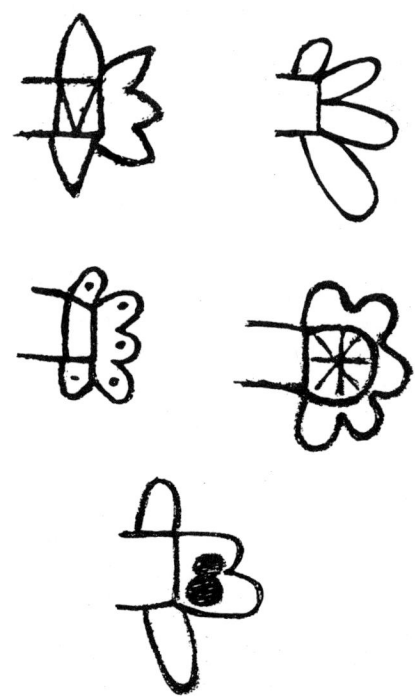

Abb. 3. Beispiele für Handgestaltungen im Werke Jane Camerons

Heinz Werner stellt in seinem Werk häufig Bezüge zu den Denk- und Bewußtseinsweisen sog. primitiver Menschen her (Werner, 1973). Er bezeichnet deren Vorstellungsweisen als hoch synkretisch. Denn es besteht, so Werner, ein enger Zusammenhang zwischen Emotion und Erinnerungsbild. Diese Art des Denkens ist eher global, neigt zum Symbolischen, zu undifferenzierten Doppelbedeutungen, zu Gestalt- und Lautähnlichkeiten, auch Isomorphien genannt. Diese sind für den primitiven Menschen eine Quelle des Vergnügens. So zeichnete Willibald Lassenberger zum Thema „Der Prophet Jonas und der Wal" häufig Trompeten. Was hat die „Trompetn" (Kärntnerisch) mit dem „Profetn" zu tun? Die Worte „Profetn" und „Trompetn" sind sich ähnlich in der Lautqualität. Und so wird uns der Prophet Jonas zusammen mit einer Trompete präsentiert. Ähnliche Tendenzen gibt es bei Kindern, wenn z. B. ein 8jähriger Bub die Klangähnlichkeit von „Kassler Ripperl" und „Kasper Rippal" entdeckt, dann einen Kasper Rippal erfindet und ihn auch zeichnet.

Der Psychiater Arieti legt in seinem Buch „Creativity – The Magic Synthesis" Untersuchungen vor, die Berührungspunkte mit den Thesen Werners aufweisen (Arieti, 1976). Der Drang nach Gestaltähnlichkeit und Gestaltentsprechung ist nach Arieti ein Charakteristikum vor-logischen, älteren (paleo-logischen) Denkens. Dieses Denken, so Arieti, tritt bei den Schizophrenen besonders offen zutage. Besitzt eine Person oder ein Gegenstand ein Element, sei es nun formbezogen oder farbbezogen, mit einem anderen Wesen oder Gegenstand gemeinsam, dann genügt dies für dessen vorgestellte, ein-gebildete, irrationale Identität. Folgen wir dieser eigenartigen Logik des Vorstellens, dann kann es dazu kommen, daß ein Apfel, der ja rund ist, zu einem Ball, zu einer Kugel, zu einem Auge, zu einer Brust, zu einem Rad, zu einem

Verkehrszeichen, zu einer Lampe usw. wird. Ähnlichkeiten der Gestalten weiten das Formen- und Farbenrepertoire zur Darstellung vornehmlich affektbesetzter Inhalte beträchtlich aus. So entsteht eine beinahe surrealistische Vielfalt von Bedeutungen, die ihrerseits auf neuen, erfindungsreichen Gestaltkombinationen beruhen. Diese Mehrdeutigkeit und ein damit verbundener Symboldruck erschweren allerdings die Entschlüsselung der Darstellungsinhalte. Diese stellt hohe Anforderungen an Phantasie, Einfühlungsvermögen und Wahrnehmungsgeschick des Betrachters.

Es liegt nun nahe, ein Verhalten, das auf diesem „alten" Denken basiert, tiefenpsychologisch als Regressionsvorgang zu betrachten. Genau das tut der Kreativitätspsychologe und Sprachwissenschaftler Colin Martindale (1975). Er verwendet in seinen Untersuchungen zu Ausdrucksformen literarischer Kreativität den Begriff „Metapherndistanz" (metaphor distance). Er setzt Metapherndistanz mit Regressionstiefe in Beziehung. Je tiefer die Regression (in Richtung „altes" Denken), desto größer die Distanz zwischen den Bildelementen des metaphorischen Vergleichs. Die Beschreibung „Lippen wie roter Wein" hätte danach eine geringe, die Formulierungen „Die Erde, blau wie eine Orange" (Éluard) oder „unserer Hände elfenbeinerne Traurigkeit" (Trakl) eine größere Distanz. Martindale unterscheidet vier stilistische Ebenen, die dann, mehr oder weniger stark ausgearbeitet, mit Sprach- bzw. Formdetails versehen werden können:

a) diskursiv

Während der Ausarbeitung eines Textes werden unwahre, unzutreffende und absurde Äußerungen ausgemerzt. Die Stimmung, die vermittelt wird, ist rational nüchtern und ohne Schwierigkeiten zu entschlüsseln.

b) analogisch

Inhaltselemente werden mit einem gewissen Bezug zur Logik und zum rationalen Denken vorgestellt. Allerdings sind die Inhalte als solche nicht mehr so stark kommunikationsorientiert.

c) gleichsetzend

Hier wird eine Gleichsetzung von Vorstellungen und Begriffen vorgenommen, die nur geringe Realitätsbezogenheit aufweist. Denken nimmt so Formen des Träumens an.

d) nebeneinanderstellend

Das einfache, undifferenzierte Nebeneinanderstellen von Sprachelementen, auf einer tief regressiven Ebene, führt zu alogischen Konstellationen und Wortverschmelzungen. Die down-syndrome Jane Cameron z.B. bewegt sich oft auf dieser Ebene des Denkens und Gestaltens. So verschmelzt sie in einer ihrer Zeichnungen, die Worte „West" und „East" zu dem neu gefundenen Wort „Weast". Es ist verständlich, daß je tiefer die Regression, desto schwieriger die Entschlüsselung der Bildinhalte wird. So kann man zu dem Schluß kommen, daß zunehmende emotionale Beteiligung mit zunehmender Regression einhergeht. Dies wiederum führt zu Bedeutungsüberschuß und drastisch vergrößerter Metapherndistanz.

Abschließend noch ein Hinweis auf neuropsychologische Grundlagen bildnerischen Denkens. Denn im Gegensatz zu den vorausgehenden Erkenntnisansätzen, die ja sich allgemein mit den Erscheinungsformen phylogenetisch frühen, archaischen Denkens beschäftigen, kann man hier hoffen, nun eine Erklärung zu finden, für die erstaunlichen künstlerischen Leistungen von geistig behinderten, insbesondere down-syndromen Personen. Willibald Lassenberger z.B. verfügt über keine der durch die Schule vermittelten Kulturtechniken. Wie ist es dann möglich, daß ein Analphabet Kunstwerke produziert, in denen auch Symbolwerte entdeckt werden können?

Fußend auf den Erkenntnissen der Gehirnforscher der letzten Jahrzehnte können Vermutungen in folgender Richtung angestellt werden (Gazzaniga et al., 1988). Die beiden Gehirnhälften sind zwar durch den Balken (corpus callosum) eng miteinander verbunden, agieren jedoch als Organe der Wahrnehmungsverarbeitung unterschiedlich. In der linken Hälfte liegt das Sprachzentrum, in der rechten das Zentrum des spatialen, gestaltbezogenen Denkens. Die rechte Hemisphäre scheint außerdem eng verbunden zu sein mit dem Mittelhirn, dem limbischen System, in dem man das Zentrum für Gefühle und einen Zugang zum Unbewußten vermutet. Gazzaniga spricht in diesem Zusammenhang von der Dolmetschfunktion der sprachlich rationalen und bewußtseinsorientierten linken Hälfte.

Insofern diese als Dolmetsch für die rechte, bisher als stumm bezeichnete Hälfte agiert und dabei sich in Verarbeitungsabläufe der stummen Hälfte interpretierend einmischt, unterdrückt oder schwächt sie dann damit auch das der rechten Hälfte eigene „wilde Denken". In anderen Worten, das begriffliche, verbale Element kommt immer wieder zum Einsatz und überlagert dabei das rein Anschauliche mit seinem von Gestalten und deren Isomorphien bestimmten Äußerungsformen. Könnte es nun sein, daß bei down-syndromen und anderen geistig behinderten Menschen gerade durch die unbestreitbaren intellektuellen, verbal-begrifflichen Defizite, die unbewußten Einmischungen des Sprachzentrums gerade nicht ausgelöst werden und dadurch die Eigenständigkeit im nicht-verbalen, anschaulich-gestalterischen Bereich eher bewahrt wird?

IV. Das Werk

Im Werk Willibald Lassenbergers ist ein stetiger Zuwachs von Themenvielfalt und bildnerischer Differenzierung festzustellen. Allerdings gibt es innerhalb dieses Differenzierungsprozesses, der in eine zunehmende künstlerische Qualität der Arbeiten mündet, auch starke Schwankungen, was Durchgestaltung und künstlerisches Niveau anbelangt.

Wo liegen die Bildquellen bei Willibald Lassenberger? In den frühen Zeichnungen, d.h. vor Beginn der Langzeituntersuchung, spielten wohl Bilder als Vorlagen, die zum Teil auch durchgepaust wurden, eine Rolle. Willibald sammelt ja Bilder aller Art: Bibelillustrationen, Comics, Postkarten, Zeitungsausschnitte, Illustriertenbilder etc. und legt sie in seinem Zimmer aus oder stopft sie in seine Tragtaschen. Sicher spielt die religiöse Thematik, durch das gelegentliche Anschauen von Bibelillustrationen unterstützt, eine große Rolle. Bei einem kirchlich orientiertem Heim liegt dies ja nahe. Aber auch andere Themen, die von Willibald spontan aufgegriffen werden, finden in reicher Fülle ihren Niederschlag in seinem Werk, so z.B. technische Dinge: Autos, Kräne, Radios, Plattenspieler, Fernsehapparate, Hubschrauber, Eisenbahnen. Aber auch Tierdarstellungen aller Art finden sich in reicher Auswahl. Die Bildquellen liegen nicht nur in schon Vorgestaltetem, seien es Reproduktionen oder Fotos, sondern auch in Erlebnissen affektiv-visueller Qualität, wie z.B. die Beobachtung eines Hubschraubers, der einmal auf dem Gelände der Heimstatt de La Tour landete. Themenvorschläge kommen zuweilen von der Betreuerin oder vom Rektor der Stiftung. Diese akzeptiert er manchmal, oder er lehnt sie ab, oder aber verwandelt sie in etwas völlig eigenes. In zunehmendem Maße treten auch Personen seiner Umwelt in den Bildern auf, zuerst „getarnt", seit einiger Zeit aber auch offen bezeichnet. Selbstbildnisse gehören ebenfalls dazu. Hier hat sich eine bemerkenswerte Entwicklung vollzogen. Viele Jahre lang waren in den Arbeiten keine Darstellungen des Selbst, oder der Personen der näheren Umgebung oder der Familie zu finden. Auch Projektionen des Selbst konnten nicht ausgemacht werden. Gegen Ende der 80er Jahre traten aber nun öfters direkte und indirekte (projizierte) Selbstbildnisse auf.

Welche Verfahren spielen im Werk Willibald Lassenbergers die Hauptrolle? Es sind dies zweifellos das Malen und Zeichnen mit Temperafarben, und zwar mit Borstenpinseln[1] verschiedener Größe, aber auch das Zeichnen mit Wachs- und Ölkreiden wie auch mit Filzstiftmarkern. Auch Hinterglasbilder, Papiercollagen, Tonreliefs und Vollplastiken aus Brennton spielten zeitweilig eine Rolle. Diese Techniken übernahm Willibald Lassenberger aber nur vorübergehend, meistens nur so lang, wie die Verfahren ihm nahegebracht und erläutert wurden. Für plastisches Gestalten zeigte er großes Interesse. Jedoch verhinderten äußere Umstände, z.B. Raum- und Zeitmangel, eine weitere Entwicklung in diesem Bereich.

Die Frage nach dem Wie – wie werden diese Verfahren

---

[1] Zuweilen tauchen die Grenzen verfahrenstechnischer Veränderung auf: so war er nicht in der Lage z.B. einen Japanpinsel sachgerecht einzusetzen. Andererseits konnte er nach einigen Anläufen durchaus die Variationsmöglichkeiten graufarbiger Kreiden erfassen und erfolgreich zur Gestaltung von Bildern nutzen.

eingesetzt, welche Vorgehensweise zeigt sich hier, wie entstehen Willibalds Bilder – ist von entscheidender Bedeutung. Denn diese Frage ist ja mit dem Phänomen „bildnerisches Denken" und dem „Denken mit der Hand" verbunden. Dieses Denken sollte ja – so die These dieser Abhandlung – in den Bildern sichtbar und damit beschreibbar werden können, sei es nun in stundenlangen Beobachtungen oder späteren Vergleichen der fertigen Werke. Mit Hilfe von Videofilmen konnte der Entwicklungsprozeß der Bilder Willibald Lassenbergers gut dokumentiert werden. Von allem Anfang an gibt es ein Wechselspiel von Innehalten = Überdenken und Handeln = Fixieren der Linien und der Markierungen von Farbflecken. Der Zeichen- und Malvorgang stellt sich als ein ritualistisches Tun dar. Willibald Lassenberger geht mit einer „Verkleidung" an die Arbeit. Einmal ist er ein Kapitän, dann ein Feuerwehrmann, am liebsten aber tritt er als Sheriff auf. Rituelle Arbeitspausen im Malvorgang entstehen durch das regelmäßige, ausgiebige Auswaschen des Pinsels, was mit gleichbleibendem, beinahe rhythmischem Lärm durch das Wasserrühren verbunden ist. Dabei ergibt sich ein großer, eigentlich gar nicht notwendiger Farbverbrauch. Beim Malen mit Filzstiften oder Kreiden äußert sich das Rituelle auch darin, daß der Stift nach dem Gebrauch exakt an die Stelle zurückgelegt werden muß, an der er vorher auch war. Dies geschieht auch dann, wenn nach kurzer Zeit dieser selbe Stift wieder gebraucht wird. Beim Einsatz des Werkzeuges hat das Ritual also Vorrang vor Überlegungen der Zeitersparnis oder der Verfahrensvereinfachung.

In der Sprache der Neuropsychologen wird die Wirkung des Rituellen folgendermaßen beschrieben: „Rituale, richtig ausgeführt, fördern ein Gefühl des Wohlbehagens und der Erleichterung, nicht nur deswegen, weil länger andauernder oder intensiver Streß gemil-

dert wird, sondern auch, weil die Antriebstechniken, die in Ritualen angewendet werden, dazu führen, daß das Nervensystem sensibilisiert und 'eingestimmt' wird. Sie vermindern die Hemmungsmechanismen gegenüber der rechten Gehirnhemisphäre und ermöglichen dadurch eine vorübergehende rechtshemisphärische, zeitlich begrenzte Dominanz, aber auch eine gemischte trophotropische[2] / ergotropische[3] Erregung. Es entsteht somit eine Synchronisierung kortikaler Rhythmen in beiden Gehirnhälften, und es wird ein trophotropischer Rückprall (rebound)[4] erzielt" (D'Aquili et al., 1979).

Beim Malen und Zeichnen hat Willibald Lassenberger auch immer seine „Pistole" dabei – entweder in der Hosentasche oder neben sich auf dem Arbeitstisch. Diese Pistole ist nichts anderes als ein gebogenes Stück Draht, das ihn Tag und Nacht begleitet.

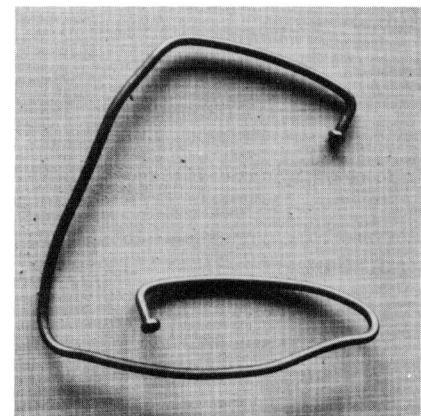

Abb. 4. Eine „Pistole" Willibald Lassenbergers

---

[2] Trophotropisch = einen Entspannungszustand des Körpers betreffend
[3] Ergotropisch = einen Erregungszustand des Körpers betreffend
[4] Rebound/Rückpralleffekt = extreme Gegensätze gehen ineinander über

Psychologisch gesehen stellt dieses Gebilde ein „Übergangsobjekt" (transitional object) dar, von dem der britische Psychologe Winnicott spricht (Winnicott, 1953). Dieses Übergangsobjekt findet sich oft bei kleinen Kindern in Form eines Stücks Decke oder eines kleinen Stofftieres, ohne das das Kind z.B. nicht einschlafen will. Nach Winnicott ist das Übergangsobjekt ein Beispiel symbolischen Handelns im Leben des Kindes. Es verbindet Bekanntes mit Unbekanntem und vermittelt ein Gefühl für Identität. Das Bewußtsein befindet sich dabei in einer Übergangsphase von Subjekt-Objekt-Verschmelzung zur Subjekt-Objekt-Trennung.

So sichert sich Willibald während seines schöpferischen Tuns auf doppelte Weise ab: Einerseits durch regelmäßige, wiederkehrende rituelle Arbeitshandlungen und andererseits durch die wechselnden Verkleidungen, die zum „heiligen Tun", zum „schamanistischen Ritual" gehören. Es ist dies eine Art Einstimmung, in der die Besonderheit des schöpferischen Tuns und Handelns sichtbar wird. Diese Handlungen, samt dem haptischen Umgang mit der „Pistole", geben Sicherheit und Kontinuität. Rituale sind nicht beliebig abbrechbar, sie müssen zu Ende geführt werden. So kommt es, daß Willibald Lassenberger u.U. drei, vier, ja fünf Stunden ununterbrochen an einem Bild arbeitet, und dabei z.B. auf das warme Mittagessen verzichtet, dieses dann erst nach Fertigstellung des Bildes kalt verzehrt.

Es gelingt Willibald Lassenberger eigene Schemaformen zu entwickeln, die er seinen Vorstellungen und Eindrücken anpasst, ritualisiert und durch weitere Formerfindungen anreichert. Die darin zum Ausdruck kommende Ritualfunktion verbindet Lebenswelt mit ästhetischer Handlung. In zeitlich begrenzten, stimmungsabhängigen Flow-Erlebnissen werden so Kunstwerke synkretischen Charakters möglich.

Die entlastende Funktion des Rituals, das sich bildnerisch hauptsächlich in Symmetrie und Wiederholung niederschlägt, steht etwa auch in einem Zusammenhang mit der oben erwähnten außergewöhnlichen Ausdauer und der Focussierung der Aufmerksamkeit des Künstlers. Man kann wohl vermuten, daß Willibald Lassenberger in diesem Tun, bei dem er um sich herum alles vergißt und sich kaum ablenken läßt, eine Art flow erlebt, wie ihn der amerikanische Kreativitätsforscher Mihaly Csikszentmihalyi beschreibt: „Ein Mensch, der Flow erlebt, geht einer Beschäftigung um ihrer Selbst willen nach. Äußere Ziele und Belohnungen spielen keinerlei Rolle mehr. Nichts ist befriedigender, erhebender, wichtiger. Er fühlt sich in Kontrolle und seinem Schicksal gewachsen. Konzentriert auf ein ihm angemessenes Tun, ist er für Ablenkungen unerreichbar und vergißt Zeit und Raum. Anstrengungen, die mit seinem Hochgefühl verbunden sind, nimmt er bereitwillig in Kauf". Ordnung, sagt Czikszentmihalyi, begünstigt flow. Willibald Lassenbergers selbst auferlegte Ordnung im Ritual und eine entsprechende Ordnung in seinem Zimmer verstärken diesen Zustand.

Worin beruhen die präsentativen bzw. stilistischen Eigenarten der Malereien und Zeichnungen Willibald Lassenbergers?

Hang zur Symmetrie

Die Bevorzugung der Symmetrie als einem bildnerischen Denkmuster kommt in zweifacher Form ins Spiel, einmal als herausragendes Merkmal des fertigen Bildes, das andere Mal aber auch im Herstellungsprozeß selbst. Beide Phänomene zusammen tragen zur Dominanz der symmetrischen Bildstruktur bei. Diese ist allerdings nicht absolut, sondern wird durch Abwechslungen aller Art, hauptsächlich durch ausbalancierte Formplazierungen, aufgelockert und ihres allzu starren Charakters entkleidet. Symmetrie und Plazierung sind offensichtlich auf das Format, die Rechtecksgestalt des Bildträgers bezogen. Zuweilen lassen auffällige, der alltäglich konventionellen Wahrnehmung widersprechende Plazierungen eine Art „Symmetriesog" sichtbar werden, der u. U. das bei Willibalds Bildern vorherrschende Prinzip der Vermeidung von Überschneidungen durchbricht ("Jeder Form ihren Umriß, jeder Form ihren Raum").

Ganz allgemein kann man dem Symmetrieprinzip folgende Eigenschaften zuschreiben: Symmetrie ist redundant und favorisiert „gute Gestalten". Sie bewirkt Anmutungen des Rituellen und Zeremoniellen.

Abb. 5. Willibald Lassenberger in seinem Zimmer

Sie vermindert im Bild den Eindruck der Tiefenräumlichkeit. Sie stellt Fläche vor Raum, und tendiert zur Frontalität. Sie ist ein Mittel, bildnerische Ordnung und Hierarchie herzustellen: „Symmetriesog". Die ihr innewohnende Tendenz zur Geschlossenheit festigt das Formgefüge. Sie vermittelt den Eindruck von Vollkommenheit. Wo immer es um symbolische Bildaussagen geht, steht die Symmetrie im Vordergrund.

Umrißbezogenes Grundmuster, seine Verwandlung durch den Farbfleck

Beobachtet man den Herstellungsprozeß der Bilder, so fällt eine Eigenart auf: der formale Aufbau des Bildes wird auf lineare Weise vollzogen, d.h. in den meisten Fällen liegt am Ende des ersten, des grafischen Stadiums eine komplette Umrißzeichnung samt Binnengliederung vor. Eine Umrißzeichnung, die sozusagen für sich selbst bestehen könnte. Erst dann werden die Farbelemente in die Gestaltvorgaben eingefügt. Allerdings in einer Art, die Formgrenzen durch fleckhaften Farbauftrag ver-

ändert bzw. die Umrisse durch „Nachzeichnen" verstärkt und damit die Prägnanz erhöht. Dieses Nachbessern geschieht auf eine sehr behutsame, ja genüßliche Weise. Wie ein Feinschmecker liebkost Willibald Lassenberger mit dem Pinsel die linearen Strukturen dieser Bilder. Vielleicht eignet diesem Liniennetz auch eine Art Schutzfunktion. Es garantiert die Ganzheit der Bildpräsentation. Der fleckhafte, die Linearität verändernde Farbauftrag hingegen führt dazu, daß der Betrachter einen Gleichklang zwischen Form- und Farbdominanz wahrnimmt.

Zielgerichtetheit der Formplazierung

Beobachtungen an Ort und Stelle bestätigen den Eindruck, den die Betrachtung der Endergebnisse nahelegt: nämlich die durchgehende Sicherheit und die Systematik der Formplazierungen. Videoaufzeichnungen zeigen eine Pinselführung, durch die rechte Hand des Künstlers, die sich als langsame, zuweilen innehaltende Bewegungsspur der vermuteten Denkvorgänge präsentiert. Veränderungen, Übermalungen und Struktur-verstärkungen vermitteln so keineswegs den Eindruck von Unsicherheit oder etwaiger Korrektur, sondern eher eines absichtsvollen, schon im Geiste vorstruktu-rierten, präzisen und zielgerichteten Gestaltungsab-laufes.

Musisch-ästhetisches Verhalten

Willibald Lassenbergers Malen und Zeichnen ist ein-gebettet in ein ästhetisches Verhalten, das sein ganzes Leben durchdringt. Er schauspielert gerne, tritt ab-wechselnd als Pfarrer, Nikolaus oder Krampus[5] auf und neckt auch zuweilen seine Mitbewohner. Er singt auch auf seine unartikulierte Weise Weihnachtslieder oder er gibt vor, aus einem Comic-Buch heraus einen Liedertext zu singen. Wenn er sich glücklich fühlt, singt er. Auch als Schlagzeuger versucht er sich zuwei-len. Außerdem sticht seine ausgesprochene Sammel-leidenschaft hervor. Er sammelt Bilder aller Art, stopft sie in seine vielen Tragtaschen oder stellt sie wohlgeordnet in seinem Zimmer aus. Dort nehmen allerdings die eigenen Arbeiten an den Wänden einen bevorzugten Platz ein.

Bezüge zur Kinderzeichnung

Läßt man die Bilder Willibald Lassenbergers an sich vorüberziehen, dann denkt man nicht ohne weiteres an Ähnlichkeiten zu Kinderzeichnungen oder gar dar-an, daß das Intelligenzalter des Künstlers etwa dem von Vor- oder Grundschulkindern entspräche. Dies zu tun wäre verfehlt und widerspricht dem Augenschein. Die Bilder zeigen einen ausgeprägten Stil, der sich kaum in gängige „Kunstmuster" wie Kinderzeichnun-gen, Kunst der Außenseiter, l'art brut, Volkskunst etc. einordnen läßt. Allerdings gibt es bei näherem Hinse-hen doch Analogien und Ähnlichkeiten zur Kinder-zeichnung, etwa im formalen Aufbau, weniger im In-

haltlichen. Diese Analogien drücken sich als Manife-station eines auch bei Kindern wirksamen urtümli-chen bildnerischen Denkens aus. Diesem Denken sind ja auch die Kinderzeichnungen unterworfen:

1. Vorherrschaft der flächenhaften Darstellung

2. Verzicht auf räumliche Präsentation, weitgehende Vermeidung von Überschneidungen und perspek-tivischen Verzerrungen.

3. Bevorzugung der kanonischen Form, als Formulie-rung größtmöglicher Gestaltinformation.

4. Auftauchen der Affekt- oder Bedeutungsperspek-tive. Emotionale Gestaltung der Größenverhält-nisse.

5. Variable Zahl der Körperauskragungen bei Mensch und Tier.

6. Tendenz zum symmetrischen Aufbau der Bilder, Bevorzugung dualer und quarternitärer Komposi-tionen.

Das Verhältnis zu Darstellungsformen psychisch behinderter Personen

Im Rahmen der wissenschaftlichen Beschäftigung mit den Besonderheiten „geistiger" Behinderung ge-schieht es oft, daß intellektuelle und psychische Be-hinderung nicht auseinandergehalten werden. Auch dann, wenn es natürlich zutrifft, daß geistig Behinder-te zuweilen auch psychisch behindert sind und somit therapeutische Behandlung brauchen. So kam es, daß die Kunstäußerungen der beiden Gruppen undiffe-renziert betrachtet werden und es der Patientenstatus

---

5 Krampus: Im bayerisch-österreichischen Brauchtum der Begleiter des Heiligen Nikolaus in der Gestalt des Teufels.

Abb. 6 Wasserfarbenbild des 32jährigen J.M., psychisch behindert, Ev. Stiftung de La Tour.

der psychisch Behinderten ist, der vorrangig ins Blickfeld der Experten geraten ist. Der kunstpädagogische Ansatz, der dem künstlerischen Verhalten der intellektuell Behinderten wohl eher angemessen ist, kommt somit ins Hintertreffen. Einer der wenigen, die sich speziell mit Aspekten „geistiger" Behinderung befassen, ist der Neurologe Oliver Sacks. Er sieht eine „Geistesverwandtschaft" zwischen geistig Behinderten, Primitiven und Kindern. Trotz der unleugbaren intellektuellen Defizite gibt es Bereiche, die, so Sacks, „geistig komplett" sind. Das bestimmende Element für den Denkstil der geistig Behinderten ist die Konkretheit, die sich von begrifflichen Abstraktionen freihalten kann. Sacks faßt zusammen: „Begrifflich mögen geistig Behinderte Mängel aufweisen, doch in ihrer Fähigkeit der konkreten und gleichzeitig symbolischen Aufnahme und Verarbeitung von Wirklichkeit, können sie mit jedem normalen Individuum gleichziehen" (Sacks, 1987).

Schaut man sich Ausstellungen von psychisch Behinderten und geistig Behinderten an, so sind die Anmutungen, welche die jeweiligen Bilder im Betrachter auslösen, doch recht verschieden. Bei den spontanen Bildern psychisch Behinderter scheint das Ästhetische eher dem Leidensaspekt untergeordnet zu sein. Man könnte sagen, das Schicksal des psychisch Kranken schimmert durch seine Kunst hindurch und fordert zur mit-leidenden Betrachtung auf. Bei den geistig Behinderten hingegen ist dieser Eindruck anders. Eine die Phantasie des Betrachters beflügelndes ästhetisches Vergnügen stellt sich ein. Die Art, neue Farben- und Formpräsentationen aufzuspüren und die inhaltlichen Interessen der Künstler zu entschlüsseln, scheinen wohl im Vordergrund der Kunstbetrachtung zu stehen. Allerdings gibt es auch hier gewisse Ähnlichkeiten zwischen den Gestaltungen der psychisch und der geistig Behinderten, die sich z.B. in der Affektperspektive oder in Physiognomisierungstendenzen äußern.

16

V. Vergleiche

Qualitative Veränderungen

Obschon immer wieder behauptet wird, daß geistig behinderte Menschen keine künstlerische Entwicklung durchmachen, d.h. stereotyp, ja zwanghaft, einmal erworbene Gestaltschemata wiederholen, zeigt der Fall Lassenberger, daß durchaus Veränderungen bzw. eine Zunahme der bildnerischen Qualität sowohl formal-farblich wie auch vom Inhalt her möglich sind. Hierbei ist wohl von einer Wechselwirkung zwischen zunehmender bildnerischer Kompetenz, der damit verbundenen Steigerung des Selbstwertgefühls und dem körperlich-seelischen Befinden der Person auszugehen. Bei Willibald Lassenberger konnte eine eindeutige Lockerung, ein freier werden im Verhalten festgestellt werden. Er wurde wesentlich umgänglicher, ja gesprächiger im Laufe der Jahre. Dies geschah wohl parallel zu zunehmenden Erfolgen und Leistungen als Zeichner und Maler. Die Entwicklung von relativ einfachen Form- und Farbbezügen und auch inhaltlich gering differenzierten, wenig Symbolik enthaltene Strukturen zu vielfältigen und reichhaltigen Bildkompositionen sollen die folgenden Vergleiche zeigen.

Abb. 7. „Cowboy und Indianer", 1979, Wachskreiden, DIN A 4

Es handelt sich hier um eine Vorbildern verhaftete farbige Zeichnung. Die Umrißlinien wurden zuerst mit Bleistift vorgezeichnet, z.T. vielleicht auch durchgepaust. Danach wurden die Farben (Wachskreiden) in die Formen eingepaßt. Frontalität und die gestreckten, kurzen, formelhaft wirkenden Armdarstellungen erinnern an stilistische Eigenarten, die auch in den späteren Werken sichtbar bleiben.

Abb. 8. „Friedhof", 1980, Filzstift, 21 × 21 cm

Hier handelt es sich um eine einfache, klar gegliederte Zeichnung mit geringer Form- und Farbdifferenzierung, das Format bleibt kaum berücksichtigt. Allerdings kündigt sich auch hier schon die Vorliebe Willibald Lassenbergers für symmetrisch-axialen Bildaufbau an.

Abb. 9. „Goliath", 1988, Filzstift, DIN A 3

Diese Personendarstellung ist weit weniger klischeehaft, auch formal aufgelockert, von überbordender Dynamik und Bewegtheit der farbigen Linienführung. Der Umriß ist weniger streng, das Format wird großzügig genutzt.

Abb. 10. „Friedhof", 1990, Pastellkreide, 42 × 30 cm

Vor einem blauen Hintergrund, der durch Schneeflok-
ken gegliedert ist, sehen wir zwei Kreuze und einen Priester. Die Schneeflocken sind nur leicht durch weißge-
zeichnete, eingekratzte Umrisse angedeutet und haben
die Form von Schneebällen. Im Vordergrund allerdings
ist der Schnee als hügelige Landschaft sichtbar, wobei eine zweite Schneedüne das Gewicht der variablen Weiß-
tönungen verstärkt. Aus den düsteren Schneedünen erhebt sich eine Priestergestalt mit einer Stola um den Hals
und die rechte Hand am Kelch des Abendmahls. Zwei
gleichförmige, violette Kreuze, in schräger Staffelung
zur Mitte des Bildes hin plaziert, füllen den Bildraum.
Dem Bild entströmt eine starke Stimmung, der Priester
wirkt wie eine Erscheinung, wie ein Auferstandener.

Abb. 11. „Die Friedenstaube in der schwarzen Wolke",
1990, Filzstift, DIN A 3

Dieses Bild weist bemerkenswerte Designqualitäten auf.
Eingebunden in eine axial-symmetrische Grundstruktur
korrespondiert die Zentralgestalt – Friedenstaube in der
schwarzen Wolke – mit den triadischen Bildelementen
„Drei Schiffe mit Bäumchen", „Drei blaue Wolkenstrei-
fen", „Drei Meeresstreifen", „Drei aus den Wolkenstrei-
fen herauslugende Sonnen".

Die Symmetrie des Bildes wird gemildert durch die Ein-
buchtung des schwarzen Wolkenquadrats rechts und
durch die Versetzung des rechten Schiffes nach oben.
Die mittlere Sonne hat zusätzliche Markierungen erhalten. Drückt sie dadurch ihr Mißbehagen mit der schwarzen großen Wolke aus?

Die Taube selbst weist ebenfalls bemerkenswerte Eigen-
tümlichkeiten auf. Der Taubenkörper ist mit vier weit-
auskragenden Flügeln ausgestattet. Im Zentrum des Tieres, und damit gleichzeitig im Zentrum des Gesamtbildes, sieht man eine goldene Kugel, die mit merkwürdigen, linearen Markierungen durchzogen ist. Ist es etwa
die Weltenkugel, die in der Friedenstaube gut aufgehoben ist?

Abb. 12. „Vögel, Bäume, Mond und Weltkugel", 1992, Ölkreiden, 50 × 70 cm

Abb. 13. „Maria mit Kind", Ölkreiden, 1992, 50 × 70 cm

Zur Jahreswende 1991/1992 hat sich Willibald Lassenbergers Stil erneut verändert. Er fand nun durch souveräne Handhabung der Ölkreiden zu einer differenziert farbdominaten Bildgestaltung. Die einstige Härte der linearen Struktur löst sich auf, schwarze Umrisse verwandeln sich in diesem Bild in ein warmes Grau, ein Wechselspiel von Figur und Grund deutet sich an. Der Bildaufbau wird von einer spannungsreichen und variablen Symmetrie, einer gemilderten „Macht der Mitte" bestimmt.

In diesem Bild verschwinden die „Vorzeichnungslinien" ganz. Farbformen werden vom Fleck aus plaziert und gegeneinander ausgespielt. Der Bildgrund verliert seine festgelegte Hintergrundfunktion. Als neues figurales Element tritt hier die Mandorla (Aureole in Mandelform) auf. Mit dem neuen Malstil scheinen sich auch neue Themen zu verbinden.

20

Vergleich mit Jane Cameron

Der Vergleich mit der fast gleichaltrigen, ebenfalls down-syndromen Jane Cameron aus Kanada, stützt sich auf mehrere Beispielsarten:

Wartegg-Test

Malbücher

Androgyne Darstellung, weitere ausgewählte Werke.

Zuvor aber ist es nötig, Person und Werk Jane Camerons kurz vorzustellen.

Jane Cameron wurde 1949 in Calgary, West-Kanada, geboren und leidet, wie Willibald Lassenberger, an Trisomie 21. Sie hatte das Glück, gute Schulen, insbesondere aber die musisch ausgerichtete private Heimsonderschule des Dr. Franklin Perkins in Lancaster, USA, zu besuchen. Von 1971 bis 1981 arbeitete sie in der beschützenden Textilwerkstatt Le Fil d'Ariane in Montréal. Über diesen Zeitraum sind alle künstlerischen Daten verfügbar. Schon frühzeitig konnte ein bemerkenswertes Wechselspiel affektiver Zustände, in Form überbordender Persönlichkeitsbezogenheit, und der künstlerischen Äußerung vermutet werden. Form, Farbe, Inhalt und Bedeutung der Zeichnungen und der bestickten Wandbehänge gehen nahtlos ineinander über. Die Entschlüsselung der Bedeutungen wurde enorm erleichtert, ja zuweilen erst möglich, durch Janes außergewöhnliche poetisch-verbale Begabung, die sie in ihren Äußerungen und Kommenta-

ren zu den eigenen Produkten ins Spiel brachte. Ihre Zeichnungen und ihre Textilarbeiten sind durch einen unverwechselbaren, stark idiosynkratisch orientierten Stil gekennzeichnet – keine Spur von Naivität der in der Öffentlichkeit bekannten Kunst der sog. Naiven oder Laien. Eine erstaunliche Regressionstiefe führt zu hermetischen Gestaltungen, die sich in ausgeprägten Vereinfachungen und Isomorphien niederschlagen. So weisen Janes Figurendarstellungen neoten anmutende Kreuzfüßler auf, wohl Abkömmlinge des von der Kinderzeichnung her bekannten Kopffüßlers. Erstaunlich ist es auch, daß die hohe Handwerksdisziplin und auch die Länge der Zeit, die für die Herstellung eines solchen Teppichs (Größen variieren von 40 × 40 bis 120 × 70 cm) benötigt wird – Jane ist eine außerordentlich langsame Arbeiterin – keine negativen Auswirkungen auf Kreativität und Ausdruckskraft haben. Im Gegenteil, es scheint, als habe die psychologische Sicherheit und das Gespür für handwerkliche Kompetenz, das die professionelle Ambiente der Werkstatt vermittelt, die künstlerische Entwicklung in besonderem Maße gefördert.

Ihre Werke sind in privaten und öffentlichen Sammlungen vertreten. Die Künstlerin nimmt auch Aufträge entgegen und beteiligt sich an Design-Wettbewerben in ihrem Heimatland Kanada. Im folgenden werden nun einige charakteristische Werke Jane Camerons vorgestellt.

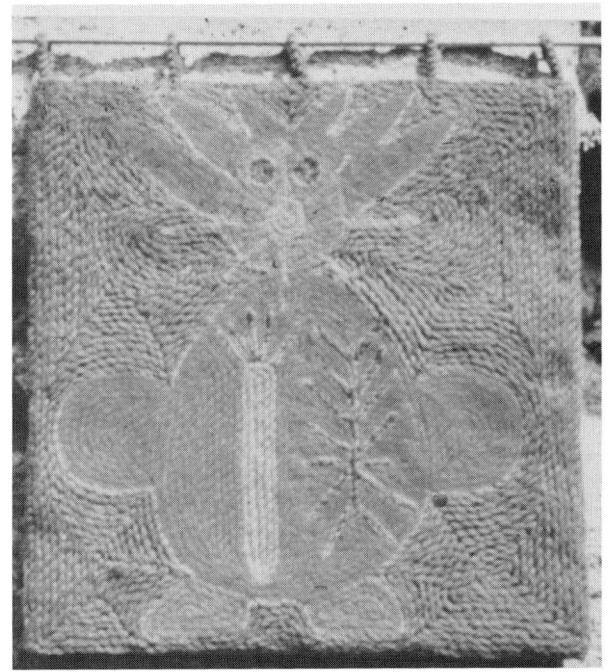

Abb. 14. „Häschen", 1975, Wolle auf Rupfen, 30 × 30 cm

Im prall gefüllten Format sehen wir einen mächtigen Hasen, dessen Gestalt und das dazugehörige Futter konsequent in die Fläche ausgebreitet erscheinen. Die abgerundeten Auskragungen der Vorder- und Hinterbeine kontrastieren mit den vervielfältigten, zugespitzen Auskragungen der Hasenohren. Diese wachsen aus einem Kopf heraus, dessen Gesichtsfläche mandalaartig gegliedert erscheint. Die Formen der Ohren folgen wohl einer Art symmetrischen Reihungssogs und nehmen so in ihrer Verdreifachung die Form einer Königskrone an. Den engen Bezug zwischen Tier und seiner Nahrung zeigt uns Jane durch die klare Plazierung der Karotte und eines Gemüsestückes auf dem Körper des Hasen. Die Komposition als ganzes folgt einer ausgeprägten Achsensymmetrie.

Abb. 15. „Alles über meinen Freund Alfi", 1974, Filzstift, 48 × 30 cm

Hier präsentiert Jane Cameron uns ihren Freund Alfi in typischer pars-pro-toto-Manier. Der Kopf Alfis samt ausgeprägtem Bart, Ohren und rotem Haar steht für die ganze Person des Freundes. Jane gab zu diesem Bild einen langen mündlichen Kommentar ab, den die Sozialarbeiterin der Werkstatt unmittelbar mitschrieb. In ihm schildert Jane auf phantasievolle Weise ihre gedachte, ersehnte und eingebildete Beziehung zu Alfi. Gewesenes und Beobachtetes vermengen sich mit Formulierungen in dichterischer Freiheit und erdachten, oft vagen Zusammenhängen und führen so zu einem Spiegelbild ihrer Gefühle Männern gegenüber.
Man beachte auch die Rolle Alfis im Bild „Meine Familie" (Abb. 40).

Abb. 16. „Miss Jane" (Ausschnitt), 1979, Wolle auf Rupfen, Stilstich

In diesem Selbstbildnis treten Darstellungseigenarten der Künstlerin besonders deutlich zutage. Strenge Symmetrie paart sich mit quarternitärer Gestaltmarkierung. Die Blauformen der Ohren verbinden sich mit den Blauformen der Augen. Gleichzeitig formieren sich die verschieden großen Kreisformen der Augen und Backen ebenfalls zu einer quarternitären Struktur. Dem geboge-

nen Mund antwortet die länglich-ovale Stirnform. Die Nase wiederum weist sowohl Farbbeziehungen zur Stirn wie auch Gestaltentsprechungen zu den Backenformen auf. Die konsequente und dabei auch stimmige Stilstich-Struktur der Wollfäden trägt zur Gesamteinheitlichkeit der Figur wesentlich bei.

Malbuchvergleiche

Um weitere gestaltbezogene Vergleichsdaten zu gewinnen wurden 12 Jahre lang, jeweils zwei gleichartige Malbücher von den beiden Künstlern bearbeitet. Diese Malbücher, in einer schwarzen und einer weißen Ausführung, Format 23 × 21 cm, wurden im Siebdruckverfahren in kleiner Auflage hergestellt. Das weiße Malbuch war für Arbeiten mit Filzschreiber oder Kreide gedacht, das schwarze eher für Temperafarbe und Pinsel. Pro Malbuch sind 11 Themen vorgeschlagen, jeweils auf der linken Seite eines aufgeschlagenen Buches sichtbar. Die rechte Seite bleibt dann für eine malerische oder zeichnerische Lösung des mit dem Thema verbundenen Gestaltungsproblems zur Verfügung. Es spielt dabei keine Rolle, ob der Zeichner sich an das Thema hält, es verändert oder es überhaupt nicht berücksichtigt. In den Themenvorschlägen sind z.T. mögliche Vorlieben und Wünsche der beiden Zeichner berücksichtigt. Insgesamt wurde darauf geachtet, daß Themen angeboten werden, die gestalterische Probleme beinhalten, für die es im allgemeinen keine vorgefertigten, klischeeartigen bzw. fremdbestimmten Lösungen gibt. Die Betreuer lesen den Text vor, erläutern ihn und beobachten den Herstellungsprozeß. Gleichzeitig notiert sich die Betreuerin evtl. Äußerungen, sowie die Dauer des Arbeitsvorganges.

Hier nun einige Beispiele für Lösungen, die Willibald Lassenberger im Malbuchversuch gefunden hat.

Abb. 17. „Friedolin der Große", Filzstift auf weißem Papier
Eine wohlplazierte Figur mit ungewöhnlicher Krone.

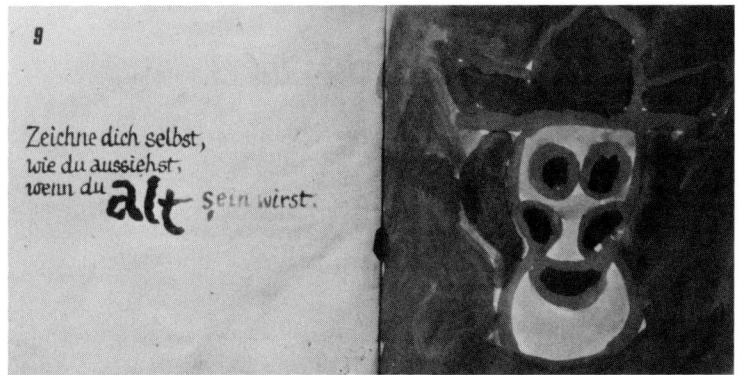

Abb. 18. „Wie ich aussehen werde, wenn ich alt sein werde",
Tempera

Auch Willibald verbindet Alt-werden offensichtlich mit dem Tod. Der Cowboy- bzw. der Sheriff-Hut zeigt an, daß es Willibald selbst ist, der alt geworden ist.

Abb. 19. „Dampflokomotive",
Filzstift

Hier kommt Willibald Lassenberger zu einer ungewöhnlichen Lösung von hoher Prägnanz und Gesamteinheitlichkeit. Man beachte den axialsymmetrischen Aufbau mit eingebauten Spannungsvarianten.

Abb. 20. „Schmetterlinge", Filzstift

Eine starke Symmetrie durchdringt das ganze Bild. Die Schmetterlinge sind wie für eine Paradevorführung plaziert, so als ob eine Art heilige Handlung mit dieser Anordnung verbunden wäre. Die Mittelpunktstellung des Baumes hierarchisiert die Reihungen im Bild.

Vergleich zweier Bildlösungen

Abb. 21/22. „Was sehe ich im Spiegel?"
Filzstift

Das erste Beispiel stellt eine graphisch-malerische Lösung mittels Filzstift dar. Beim zweiten Beispiel trägt der Temperaauftrag zu einer eindeutig malerischen Lösung bei. Im ersten Bild sieht sich Willibald Lassenberger als Polizist mit Blumen im Spiegel. Einem Spiegel, der sich in einer Art Kasten mit Seitenflügeln befindet. Das zweite Bild zeigt dem Betrachter einen schwarzhaarigen, grünhäutigen Willibald Lassenberger zwischen zwei Spiegeln.

Beispiele für einen direkten Vergleich:
Willibald Lassenberger – Jane Cameron

Am Anfang steht ein doppelter Vergleich.

Unterschiede:

1. Eher graphische Verwendung der Filzstifte bei Jane, bei Willibald scheint ein malerischer Charakter des Bildes vorzuherrschen.
2. Implizierte Bewegung des Bildes bei Jane, bei Willibald eher statisch.
3. Jane verschmelzt die Figur des Reiters fast vollständig mit dem Pferd, breitet ihn als kanonische Form auf dem Körper des Tieres aus. Ausmalen des auskragenden Kopfes, der auch das Format sprengt.
4. Bei Jane bemerkt man eine starke Schematisierung der Gestaltung, z.B. der Schwanz als spitzes Dreieck.
5. Stärkere Binnengliederung bei Willibald.
6. Einbeziehung eines lebendigen Grundes (mit zwei Sonnen) in das Bildgeschehen bei Willibald.

Ähnlichkeiten:

1. Flächige Art der Darstellung
2. Verschmelzung von Reiter und Pferd
3. Rechtsgerichtetheit des Pferdes, Frontalität des Reiters (Mischprofil der Gesamtgestalt)
4. Reihungstendenzen bei beiden Pferdebeinen
5. Unrealistische Farbgebung
6. Plazierung des Gesamtbildes in einer Art, die den Reiter in die axiale Mitte des Formates setzt.

Abb. 23. „Wotan auf dem achtbeinigen Roß Sleipnir", Filzstift (weiße Version): oben J. C.; unten: W. L.

Abb. 24. „Wotan auf dem achtbeinigen Roß Sleipnir",
Filzstift (schwarze Version): oben J. C.; unten W. L.

Unterschiede

1. Eine dominant zeichnerische Lösung bei Jane steht einer dominant malerischen Bildlösung bei Willibald gegenüber.

2. Der Verschmelzungsvorgang ist bei Willibald diesmal womöglich noch stärker als bei Jane. Die dekorative Art der Gestaltung erinnert hier an das Cloisonné des Emailverfahrens.

3. Die Verschmelzung des Reiters und des Pferdes geht bei Willibald so weit, daß die Gestalt des Reiters als eine Maske oder Gesicht erscheint. Pferd und Reiter können nicht mehr auseinandergehalten werden.

Ähnlichkeiten:

Diese liegen auf der selben Linie wie bei Abb. 23.

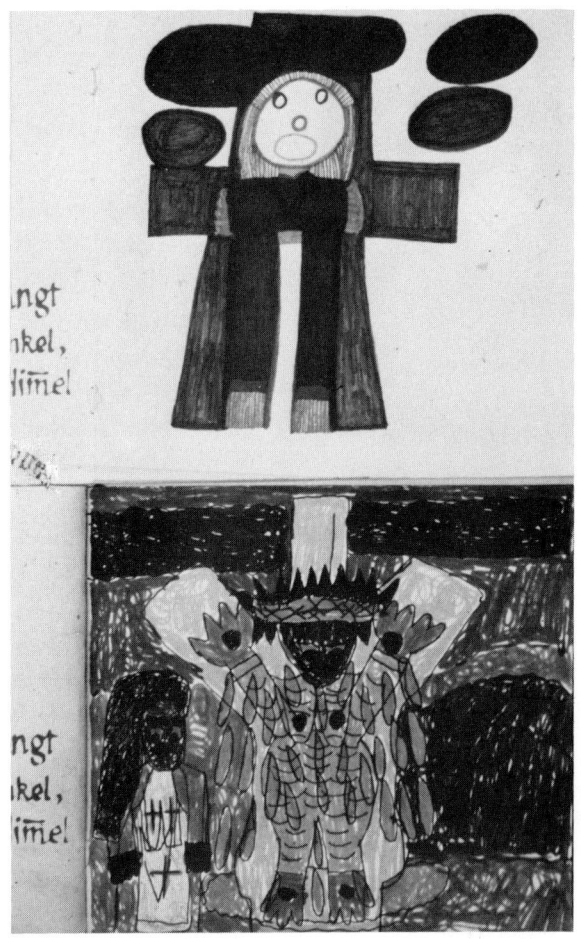

Abb. 25. „Christus hängt am Kreuz", Filzstift, weißes Malbuch: oben J. C.; unten W. L.

Bei Willibald wird Christus eher illustrativ in eine Landschaft gesetzt, in der Maria neben dem Kreuz steht. Eine dunkle Höhle und ein dunkles Wolkenband tragen mit zur traurigen Stimmung bei. Das Blut des Erlösers fließt in einer Vielzahl von langgezogenen Tropfen. Kühle Farben umfangen den warmfarbigen Kern des Bildes.

Bei Jane stellt sich der hängende Christus ganz anders dar. Losgelöst von jedem Grund gibt es 3 kanonisch sich abgrenzende Elemente: Christus, Kreuz und kugelige Wolken. Eine düstere Farbigkeit herrscht vor und versetzt den leeren weißen Grund in eine abweisende, ja feindliche Trübung. Körper, Kreuz und Wolken verschmelzen zu einem Ganzen. Das Zentrum des Bildes ist der Christuskopf. Interessant ist die Spaltung des unteren Kreuzschenkels in zwei mit den Beinen des Gekreuzigten parallellaufende Gestaltungselemente. Diese sind dem Figur-Grund-Sog der Beine derart untergeordnet, daß es zu eben dieser Zweiteilung, d.h. zu einem leeren weißen Grund zwischen den Beinen kommt. Mit anderen Worten: es findet eine hierarchische Gliederung durch Bedeutungsmarkierung statt.

Abb. 26. „Zwei Masken, die eine ist wütend, die andere ist fröhlich", Filzstift: oben W. L.; unten J. C.

Zwei sehr unterschiedliche Lösungen zeigen ausgeprägte stilistische Unterschiede an. Das obere Bild wiederum eher illustrativ, überzeugend komponiert, der farbige Grund als eine Art Raumfolie schließt ein Bild ab, so wie ein Bild konventionell eben sein soll. Die untere Lösung stellt eine Art „Ausdrucksstempel" dar, in dem gefühlsbestimmter Ausdruck den Vorrang vor Bildpräsentation hat. Mit einer lapidaren Form- und Farbgebung kommt es zu einer fast zeitlosen und ergreifenden Darstellung von unterdrückter Wut und lasziver Fröhlichkeit. Das obere Maskenbild kontrastiert stark mit einer urtümlichen Art gefühlsbesetzter, wohl mit einer tiefen Regression verbundenen Gestaltung, die den Satz Rudolf Arnheims: „Die stilisierte Einfachheit ist der Prototyp der elementaren Wirklichkeitsnähe" in Erinnerung bringt (Arnheim, 1974).

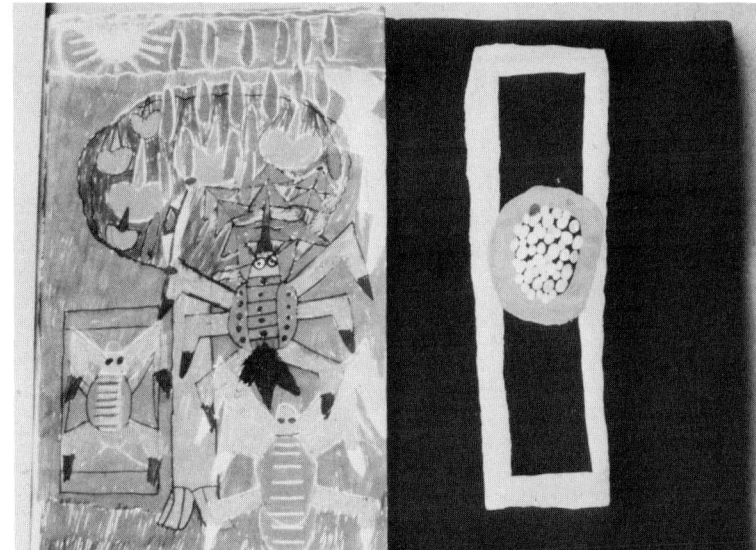

Abb. 27. „Hohler Baum mit Insekten", links: W. L. (Filzstift), rechts: J. C. (Deckfarbe)

Auf den ersten Blick besticht im rechten Bild (Jane) die perfekt plazierte einfache, aber in sich wohlproportionierte Baumgestalt samt Höhle mit Insekten. Das linke Bild (Willibald) hingegen beschert dem Betrachter eine Fülle von Gestaltinformationen, es läßt das Auge nach Inhalten suchen, ganz im Gegensatz zum rechten Bild, das mit spontaner Wucht vor die Augen tritt. Links stehen die Insekten / Bienen im Vordergrund, die Höhle selbst spielt keine Rolle, auch der Baumstamm ist nicht so wichtig. Es gibt Äpfel, es regnet. Die Insekten stoßen in den Baum vor, es wird eine Geschichte erzählt.

Wartegg-Test

Die Wartegg-Test-Formulare wurden sozusagen zweckentfremdet. Denn es wurde gar kein Test durchgeführt, sondern die Vorgaben des Formulars dienten lediglich dazu, Willibald und Jane immer gleichbleibende Formen bearbeiten zu lassen. Dies geschah in unregelmäßigen Abständen, für Jane seit 1976, für Willibald seit 1980.

Hier sollen nun jeweils drei Bearbeitungen gezeigt und miteinander verglichen werden. Dabei wird es besondere Aufmerksamkeit erheischen, ob die jeweiligen Vorgaben gestaltlogisch in die integrierende Zeichnung eingepaßt wurden und ob im Laufe der Jahre eine Differenzierung der Formgebung stattgefunden hat.

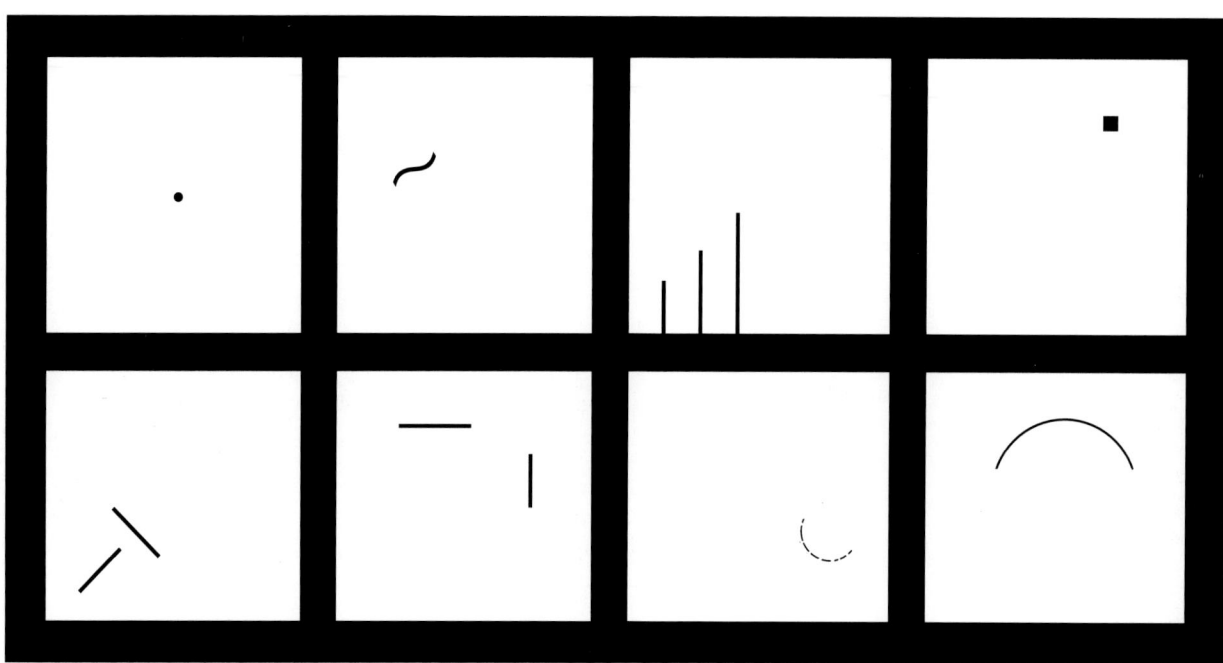

I
1976

I
1984

II
1984

I
1990

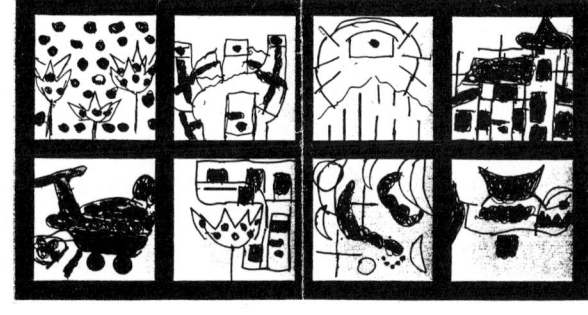

III
1990

Abb. 29.
Willibald Lassenberger: 1981, 1984, 1990

Jane Cameron: 1976, 1984, 1990

31

Überblickt man die vorliegenden Lösungen, so fallen bei Willibald gewisse Wandlungen, aber auch Konstanten ins Auge: das Anfangsblatt von 1981 weist relativ detaillierte, z.T. räumlich anmutende Formelemente mit architektonischen Inhalten auf. Ausnahmen sind Schlange und Vogel. Diese Inhalte werden im folgenden Blatt reduziert zu formelhaften, wenn auch differenzierten Darstellungen. Der Vogel, die Blume, die Häuser kehren immer wieder. Interessant ist im Testblatt von 1984 das „Rad eines Hubschraubers" (Nr. 8). Hier wurden wohl der Radflügel des Hubschraubers dargestellt, überschnitten durch den Rand des Formats bzw. an die Umrißform des quadratischen Formates angepaßt. Die Einpassung der Vorgaben gelingt Willibald nicht immer. Qualität der Zeichnungen und Formenreichtum scheinen im Lauf der Zeit eher abzunehmen. Die Figuren werden einfacher und flächiger. Die Binnenzeichnungen reduzieren sich stärker. Vielleicht kann man diese Veränderung auf den Erfahrungsgewinn beim Malen zurückführen. Denn fleckhafter Farbauftrag innerhalb des vorgezeichneten Umrißsystems macht eine detaillierte Binnenzeichnung überflüssig oder erschwert sie. Diese veränderte Einstellung würde sich dann auf die Wartegg-Arbeit übertragen.

Bei Jane unterliegen die Bearbeitungen des Tests starken Schwankungen, was Ausführlichkeit und Detailreichtum anbelangt. Im Gegensatz zu Willibald gelingt es ihr allerdings von allem Anfang an, die Vorgaben in die neu entstandene Zeichnung einzupassen, d.h. die vorhandene Form in einer inhaltlich und gestalterisch sinnvollen Weise zu integrieren. Allerdings läßt sich auch bei Jane eine Reduzierung im Formalen wie im Inhaltlichen nicht übersehen. Das hier gezeigte Blatt aus dem Jahr 1984 zeigt wieder eine Ausarbeitung, in der sich – ganz im Gegensatz zu Willibald – eine starke Physiognomisierungstendenz durchsetzt. Bei Jane wird deutlich, wie stark personen- und erlebnisbezogene Vorstellungen auch hier ihren zeichnerischen Ausdruck finden. Die gestalterische Anpassungsfähigkeit, und die durch die Vorgaben evozierte Phantasie scheint bei Jane größer zu sein als bei Willibald.

Beim neuesten Vergleich der beiden Zeichner (Jane ist jetzt 40 Jahre und Willibald 37 Jahre alt) zeigt es sich, daß die Unterschiede in der Intensität und inhaltlichen Ausgestaltung sich verstärkt haben. Dies geschieht auf zweifache Weise: einerseits hat die Durchgestaltungsfähigkeit bei Jane abgenommen, bei Willibald hingegen hat sie trotz gegenteiliger Vermutungen zugenommen. Den einfachen, ja kargen Ausarbeitungen bei Jane stehen thematisch einfallsreichere (z.B. Nr. 1 „Blumen im Schnee", Nr. 2 „Sturm-Schloß", Nr. 7 „Mond") und auch in der schwarz-weiß Gliederung reichhaltigere Lösungen Willibalds gegenüber. Bei Jane erhebt sich somit die Frage, ob ihre bildnerische Phantasie, ihre Kreativität in den letzten Jahren gelitten hat. Ist ihr Interesse am künstlerischen Tun geringer geworden? Und in der Tat, die Frage ist zu bejahen. Produktivität, gestalterischer Einfallsreichtum, Prägnanz der Farb- und Formgebung sowie das Interesse, sich bildnerisch auszudrücken liegen unter dem Stand der 70er Jahre, als Jane noch in der Werkstatt Le Fil d'Ariane in Montréal arbeitete. Es scheint sich somit die Annahme zu bestätigen, zumindest im Falle Jane Camerons, daß die Rahmenbedingungen und die Ambiente einer gut geleiteten Werkstatt künstlerisches Tun und künstlerisches Wachstum außerordentlich begünstigen.

Weitere Vergleiche

Nachbeurteilung des Gemäldes „Die Gescheiterte Hoffnung" von Caspar David Friedrich.

Nach einer Bildbetrachtung dieses Werkes wurde Willibald aufgefordert, doch eine ähnliche Situation – untergegangenes Segelschiff, eingeschlossen in Eismassen, ohne Hoffnung – zu malen. Dasselbe Thema wurde in einer Sonderschule im Rahmen einer Kunstbetrachtung behandelt. Ein ebenfalls downsyndromer Schüler zeichnete dann erst viele Wochen später eine Serie von Bildern, die sich alle mit dem Thema der „Gescheiterten Hoffnung" befaßten. Beide Zeichner stellten das Segelschiff, das ja auf dem Friedrich'schen Bild kaum sichtbar ist, in den Mittelpunkt ihrer Komposition. Willibald grenzt das Segelschiff als ein Bild im Bild durch die starke Umrandung vom Umfeld ab. Symmetrischer Aufbau, leicht abgewandelte Reihungen und wohlproportionierte Farbstreifen geben dem Bild formale und farbige Stabilität. Dieses Segelschiff wird wohl nicht untergehen. Bei K. S., dem 19jährigen Sonderschüler, steht das Schiff ebenfalls im Mittelpunkt. Es hat zwar keine Segel, aber dafür einen riesigen Anker. Farbige Platten – sind es Eisstücke? – führen zu einem dem Blattrand angepaßten Blumenstück. Es regnet aus bläulichen Wolken. Die Sonne scheint nicht sehr glücklich zu sein.

Abb. 30. Willibald Lassenberger: „Gescheiterte Hoffnung" (nach C.D. Friedrich), 1987, Tempera

Abb. 31. Sonderschüler K.S.: „Gescheiterte Hoffnung" (nach C.D. Friedrich), 1987, Ölkreide

Abb. 32. Ausstellungsplakat

Abb. 33. „Katze", 1989, Tempera, DIN A 2

Ein weiteres Beispiel, das zeigt, wie Willibald Lassenberger mit Bildern umgeht, die er als Anregung oder als Herausforderung zum Nachgestalten empfindet. Das Plakat, das anläßlich einer Ausstellung von Werken Jane Camerons im Heidelberger Textilmuseum Max Berk 1989 erschien, wurde auch in der Werkstatt in Treffen ausgehängt. Die auf diesem Plakat abgebildete Katze faszinierte Willibald und veranlaßte ihn, eine ähnliche Katze zu malen. Die Katze auf dem Plakat stellt eine Siebdruckreproduktion eines Wandbehanges von Jane Cameron dar. Auffällig bei Janes erfindungsreichem Bildwerk einer Katze ist wohl die Gestalt der Pfoten und die unterschiedlichen Markierungen der Pfotenauskragungen und der Schwanzauskragung, sowie die konsequente Frontalität als kanonische Form, die zwar achsensymmetrisch angeordnet, aber in der Gewichtung der Einzelteile doch variabel gestaltet wurde.

Bei Willibalds Bild zeigt sich eine straffere axiale Symmetrie, der Körper des Tieres wird insektenartig eingeschnürt, die auskragenden Beine ordnen sich dieser Teilung unter, so daß am Ende eine sechsbeinige Katze entsteht. Der Schwanz der Katze unterscheidet sich kaum von den übrigen Auskragungen. Die Markierungen der Krallen sind durchweg ähnlich, im Vergleich mit Janes Bild wesentlich aggressiver anmutend. Die Barthaare unterliegen offensichtlich einer Reihungstendenz, denn sie unterscheiden sich in keiner Weise von den Krallen der Beine. Dieser Unterschied ist dagegen im Bild von Jane Cameron klar sichtbar.

Wie Frontalität anhand von Reihungs- und Doppelungseffekten symmetrischer Art begünstigt wird, zeigt das Beispiel auf S. 50. Jane Cameron zeichnete die Katze mit dem Kugelschreiber. Man könnte dieses Phänomen auch als „Verdoppelungseffekt durch Symmetriesog" bezeichnen.

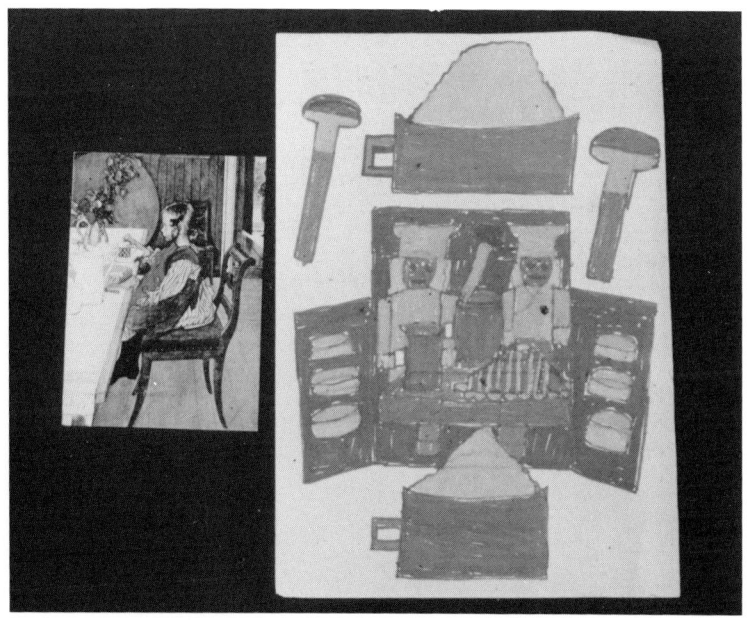

Abb. 34. „Beim Frühstück", 1989, Kreide, Filzstift, DIN A 4

Während eines Praktikums in der Werkstatt der Stiftung de La Tour legte eine Studentin Willibald eine Kunstpostkarte vor, auf der ein Mädchen abgebildet ist, das gerade am Frühstückstisch sitzt. Die Komposition ist gekennzeichnet durch starke zentralperspektivische Elemente und durch Überschneidungen, die eine Raumillusion vermitteln. Willibald konnte überhaupt nichts mit dem optisch komplizierten Bilde anfangen. Aus der Vielzahl der im Bilde wahrnehmbaren Konnotationen wählt Willibald die Deutung „Frühstück, Kuchen, Küche, gefüllte Tassen" aus. Die komplizierte Raumstruktur der Vorlage verwandelt er in eine flächige, aspektivische, von Symmetriestrukturen bestimmte Bildordnung. Zum Frühstück des Willibald Lassenberger, der diese Situation ja in seine Erfahrungswelt übersetzt, gehören die Personen, die das Frühstück kochen, die warmen Semmeln und die mit Sterz[6] überrandvoll gefüllten Schalen. Das Bild ist die aspektivische Verwirklichung einer idiosynkratischen und gefühlshaltigen Vorstellung auf einer zweidimensionalen Fläche.

Er tut dies nicht anhand eines zentralperspektivisch konstruierten Raumes in einer dreidimensionalen, ausschnitthaft abbildenden Weise, wie es die Praktikantin vielleicht erwartet hatte.

Formvorgaben

Vorgaben eignen sich für vergleichende bildnerische Untersuchungen in besonderer Weise. Und zwar deshalb, weil die Ausgangslage bei allen Teilnehmern gleich ist, alle haben dieselbe, aber vieldeutige Form vor sich. Die Anweisung besteht nun darin, diese Form bildnerisch weiterzuentwickeln, also in irgendeiner Weise ein Bild daraus zu machen. Wie, auf welche Weise dies formal oder farblich geschieht, ist dem einzelnen überlassen. Auch ein Verstümmeln oder Übermalen der Vorgabe ist möglich. Das Format kann geändert, das Blatt beliebig gedreht werden.

---

[6] Sterz (Polenta, Plenten): eine alpenländische Mehlspeise aus Maisgries

Abb. 35. Weiterentwickelte Formvorgabe, 1987, Tempera, DIN A 3

Wie hat nun Willibald Lassenberger das Problem gelöst?

Erster Versuch: Er beginnt am unteren Blattrand und beläßt die Vorgabe in ihrer Ursprungsform. Beobachtungen vor Ort bestätigen, daß er auch hier in symmetrischem Rhythmus vorgeht. Nach einem eher graphisch orientierten Zwischenstadium – charakterisiert durch symmetrische Linienplazierung – übermalt er die schon vorhandenen Linien und entwickelt dabei ein ausgewogenes, zweiteiliges Bild mit der heilen Vorgabe und einer erfundenen Gegenform, die er durch unterschiedliche Untergrundfarben voneinander absetzt. Beide Figuren werden durch einen farbigen Rand, der im unteren Teil dem Untergrund entspricht, zusätzlich zusammen-

gehalten. Ein etwas schmutzig gelber breiter Rand schließt das Bild ab. Willibald Lassenberger paßt sein bildnerisches Tun mit bemerkenswerter Sensibilität an die Form der Vorgabe an. Er vermeidet es hier, seine sonst üblichen schwarzen Vorzeichnungen einzusetzen. Die Vorgabe behält ihre Integrität als rotfarbige Flächenfigur. Es ergibt sich somit der Schluß, daß Willibald Lassenberger künstlerische Ausdrucksfähigkeit doch eher farbdominant orientiert ist, trotz der so in den Blick fallenden graphisch-linearen Formmarkierungen.

Der zweite Versuch bestätigt die farbdominante Prägung der Bildkomposition. Die symmetrische Einbindung der unversehrten Vorgabenfigur wird durch eine geschickte asymmetrische Unterteilung der Bodenlineatur erreicht.

Der Eidetiker J. S.

Es ist deutlich geworden, daß das künstlerische Tun bei Willibald ein Vorgang ist, der mit Phantasie und Einfallsreichtum zu tun hat. Dieser findet in seinem Werk auf extreme Weise seinen Niederschlag. Genau das Gegenteil zu diesem Denken, das auf Verwandeln und Neustrukturieren aus ist, stellen die Werke eines anderen Behinderten dar, der ebenfalls in der Treffener Werkstatt arbeitet. Es handelt sich um einen jungen Mann mit eidetischen Fähigkeiten. Was versteht man unter diesen Fähigkeiten? Bestimmte Wahrnehmungs- und Erinnerungsstrukturen im Gehirn ermöglichen es einem Eidetiker ein intensiv betrachtetes Bild später wieder in der Wahrnehmung zu reproduzieren und quasi mechanisch auf einen Bildträger unterschiedlicher Größe mit Bleistift oder Farbe und Pinsel zu übertragen (Gleitman, 1981; Haber u. Haber, 1984; Brüne, 1965). Es handelt sich also eigentlich nicht um eine schöpferische Verwandlung, wie z.B. bei den Bildern Willibald Lassenbergers, sondern eher um einen automatischen Kopiervorgang, der zu einer Art Abziehbild des von einem anderen Künstler schon vorgestalteten Werkes führt. Das obige Foto zeigt den Treffener Eidetiker mit seiner Kopie eines Sonnenblumenbildes von van Gogh. Er hält den Kunstband in der Hand, in dem er die Vorlage für sein Gemälde fand. Mit außerordentlichem Fleiß und großer Freude kopiert er „auswendig" was ihm Spaß macht, seien es nun Bilder von van Gogh oder Franz Marc, ein barockes Stilleben, röhrende Hirsche, Moorlandschaften usw. Bei all diesen auf eidetisch-kopierende Weise entstandenen Bildern kann man bei genauem Hinsehen festellen, daß die Einzelgestaltungen der Bildteile ohne bildnerisches Verständnis entstanden sind. Es fehlt den Bildern die stimmige Gesamteinheitlichkeit sowie die Logik der Form- und Farbzusammenhänge.

Abb. 36. Eidetiker J.S. mit Vorlage und Kopie

Abb. 37. J.S.: Eidetische Wiedergabe eines Bildes von van Gogh, Dispersionsfarbe

Das Androgyne

„Am Anfang der Weltgeschichte kamen die Menschen als Doppelwesen vor. Diese waren kugelförmiger Gestalt, besaßen jeweils vier Arme und Beine" (Plato „Gastmahl").

Ein erstaunliches Ergebnis der beiden Langzeituntersuchungen ist auch darin zu sehen, daß Darstellungen androgyner Menschen in Werken beider down-syndromer Künstler vorkommen. Bei Jane Cameron sind die Androgynen durch Kleider gekennzeichnet. Außerdem charakterisiert sie diese durch ihre poetisch formulierten Kommentare eindeutig als zweigeschlechtlich. Bei Willibald Lassenberger, dessen sprachliche Ausdrucksfähigkeit ja stark beeinträchtigt ist, geschieht diese Charakterisierung durch die Darstellung von typischen körperlichen Merkmalen, wie Brüste etc. Was versteht man nun unter „Androgynie" oder auch „Hermaphroditismus"? Raehs, in ihrer Dissertation über die Ikonographie des Hermaphroditen, unterscheidet zwischen dem eher abstrakten Begriff „androgyn" und dem konkreten anschaulichen androgynen Wesen, dem Hermaphroditen (Raehs, 1990). In unserem Zusammenhang werden beide Begriffe als austauschbar angesehen: nämlich als die Einheit von Mann und Frau in einer Gestalt. Androgyne Wesen als Gottheiten gibt es schon bei den Chaldäern und Phöniziern. In der Alchimie gilt der Hermaphrodit als Symbol der Vereinigung der Gegensätze. Auch die surrealistischen Maler beschäftigen sich mit dem Androgynen, als der Verschmelzung von Männlichem und Weiblichem. Es wird somit klar, daß das Phänomen „Androgynie" die Menschen seit altersher beschäftigt. Es scheint gewiß, daß dieses Thema und sein Niederschlag in den Künsten mit frühem, archaisch primitivem Denkvorstellungen zu tun hat. Martindales (1971) Auffassung läuft in dieselbe Richtung. Er meint, daß die Individuation des Menschen sich in der Vereinigung männlicher und weiblicher Figurationen symbolisiert. Tendenzen trans-sexueller Identifikation können wichtige Einsichten gewähren in das Wesen der kreativen Persönlichkeit. Empirische Befunde von Hassler (1990), die sich auf eine psychologische und physiologische Androgynie beziehen, scheinen in eine ähnliche Richtung zu weisen. Kann Androgynie im Gestaltungsvorgang etwa als inhaltliches Äquivalent zur formalen Dedifferenzierung = Verschmelzung = Kontamination angesehen werden? Ordnet man das Denken down-syndromer Menschen einem phylogenetisch frühen Stadium zu, dann erscheint es doch nicht so überraschend, daß bei Jane und Willibald, und auch bei anderen geistig Behinderten – gekoppelt an das weitgehend unbewußte, urtümliche, bildnerische Denken – dieses Phänomen unkaschiert sichtbar wird. Da diese Androgynie bei zwei Künstlern zum Vorschein kommt, die tausende von Kilometern voneinander entfernt tätig sind, erscheint es trotzdem außergewöhnlich und verdient deshalb eine ausführlichere Dokumentation, denn dieses Phänomen reicht wohl bis zu den Wurzeln mythischer Vorstellungen der Menschheit.

Jane Cameron

Im Motiv des komischen Clowns erfühlt Jane Cameron die Doppeldeutigkeit und Zweigeschlechtlichkeit des Clowns („half and half"). In ihrem Kommentar beschreibt sie auch die Besonderheiten des Clowns. Diese entsprechen ziemlich genau den Eigenschaften, die C.G. Jung für den Typ des Tricksters gefunden hat, der z.B. in den Mythen nordamerikanischer Indianer, in den Ursprungsmythen primitiver Völker immer wieder vorkommt. Es handelt sich dabei um den linkischen, lächerlich wirkenden, aber ideenreichen, kreativen Außenseiter.

Mündlicher Kommentar von Jane Cameron zu dem abgebildeten komischen Clown:

„Dies ist wie die komischen Clowns sich kleiden mögen. Er imitiert die Frau. Halb ist er ein Mann, halbe halbe. So schaut er aus. Sie legt viel Make-up auf. Sie möchte wie ein Clown sein, eine Perücke und ein falscher Bart. Die Clowns sind so komisch. Wir beide mögen sie im Zirkus. Voller Witze und Gelächter und voller Tricks. So viele Leute lachten über ihn. Es war so komisch. Wir konnten mit dem Lachen gar nicht mehr aufhören. Ihre Hände waren so ungeschickt. Der komische Clown ist voller Ideen über sich selbst. Sie mögen Tiere so sehr und alle Tiere mögen den Clown. Sie sind gute Trainer. Aber sie haben verrückte Ideen. Sie dachten darüber nach. Aber sie wollten ihren eigenen Weg gehen und sich Selbst sein. Ebenfalls."

Im vorliegenden Bild gelingt es Jane Cameron, sicherlich ganz unbewußt, schon durch die Art der Strichführung das Weibliche und Männliche in der pars-pro-toto-Figur, eben dem Kopf, zu verschmelzen. Der Clown hat einen Bart, aber er wirkt in seiner Flauschigkeit eigentlich weiblich. Ein androgyner Clown: Sind nicht alle Clowns zweigeschlechtlich und kreativ? Hat nicht die amerikanische Forscherin MacKinnon (1962) in ihrer Langzeituntersuchung festgestellt, daß die kreativen männlichen Architekten eine starke feminine Komponente in ihrer Psyche aufweisen?

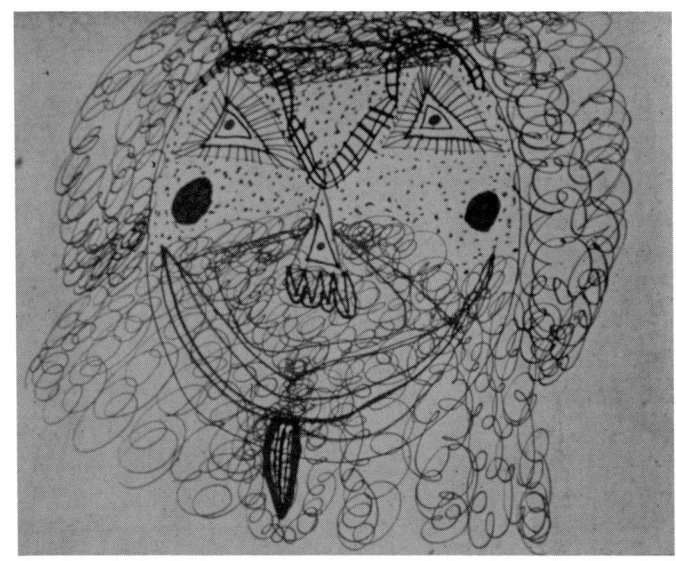

Abb. 38. Jane Cameron
„Komischer Clown", 1975, Filzstift, 60 × 46 cm

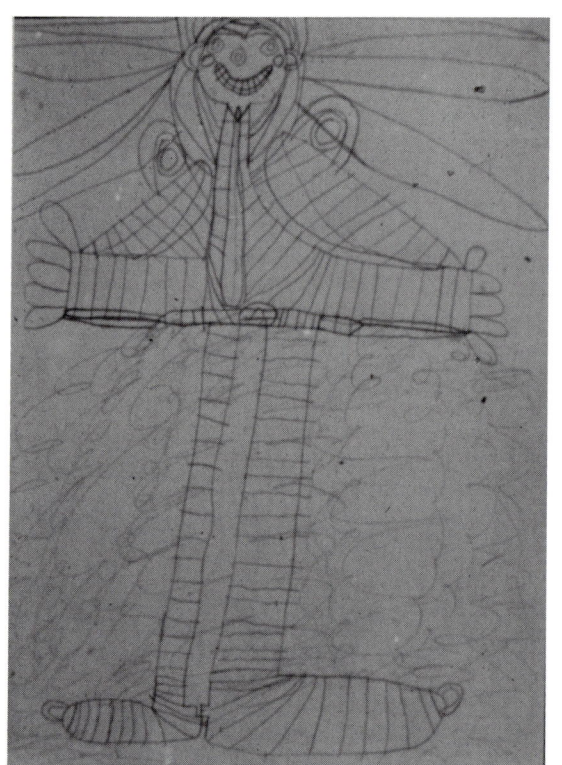

Abb. 39. „Eine geliebte Person", 1979, Kugelschreiber, 20 × 30 cm

Hier zeigt uns Jane Cameron das Gestaltschema, das sie für die androgyne Person gefunden hat (sie verwendet es immer wieder in ihrem Werk, seien es nun Zeichnungen oder Teppiche). Für Männlich stehen die langen, engen Hosenbeine, für Weiblich der Rock, oft flauschig. Auf dieser Zeichnung können wir noch für den Mann die Muskeln am Oberarm, für die Frau den Schmuck feststellen. Hier stichwortartige Auszüge aus dem von Jane Cameron gesprochenen Text zu diesem Bild:

„Eine geliebte Person. Halb ist sie ein Mann, eine andere Hälfte ist eine Frau, Anzug, Krawatte, Schnurrbart, lockiges Haar, trägt Schmuck, Abendkleid, hohe Schuhe, Bluse, viel Make up …".

Es ist offensichtlich, daß auch diese Figur ein androgyner Clown ist und sicherlich geht man in der Annahme richtig, daß diese geliebte Person, wie es im Titel heißt, auch Jane Cameron selber ist, die Zeichnerin.

Abb. 40. „Meine Familie", 1972, Filzstift, 28 × 21 cm

Wie kommt Jane zu dem Titel „Meine Familie", wenn es sich doch allem Anschein nach nur um eine Vase mit Blumen verschiedenfarbiger Rot- und Violettöne handelt? Die Vase, ohne Fuß, hält Wasser, Erde und Sand links oben und rechts oben. Die Blumen, deren Stengel alle einem Loch an der Spitze des dunklen Erddreiecks entspringen, sind, so sagt Jane in einem Kontrollgespräch vier Jahre nach dem Entstehen des Bildes, die Familienmitglieder: Mutter, Katze, Vater, Bruder Jim, Jane selbst, Alphi und Schwester Susan. In diesem Gespräch sagte Jane:

„Das ist meine Familie, Rot steht für Frauen, Violett steht für Männer. Bei Alphi mischt sich Violett und Rot."

Ihr Freund Alphi also hebt sich von den anderen Familienmitgliedern ab. Das Androgyne in ihm wird dadurch sichtbar, daß die männliche Farbe, das Violett, sich mit der weiblichen, dem Rot mischt!

Willibald Lassenberger

Bei Willibald zeigt sich, wie schon gesagt, das Androgyne auf drastischere Weise als bei Jane Cameron. Seine Hermaphroditen sind einmal Jesus am Kreuz und dann die Werkstattleiterin.

Abb. 41. „Vier Gekreuzigte und eine Figur", 1984, schwarzer Filzstift, 70 × 51 cm

Verschiedene Versionen des gekreuzigten Jesus als androgynes Wesen füllen das Blatt. Eine weitere Figur ist mit blauem Filzstift eingefügt und bekommt durch die Verdoppelung der Brüste und des Penis eine Sonderstellung.

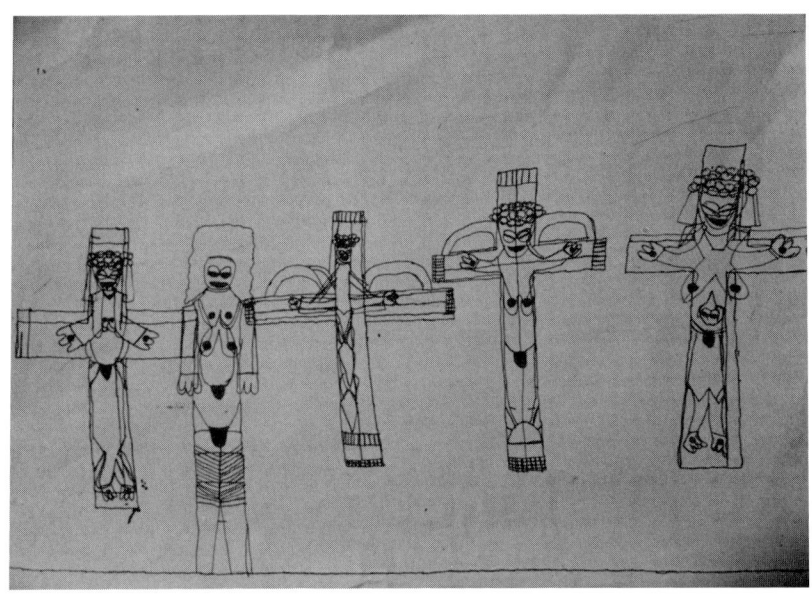

Abb. 42. „Frau S. im Krankenhaus – wir wünschen gute Besserung", 1989, Filzstift, 30 × 21 cm

Anläßlich eines Krankenhausaufenthaltes der Leiterin schickten die Werkstattmitglieder Grüße zur baldigen Genesung. Willibald Lassenberger wurde beauftragt, das dazugehörige Bild zu zeichnen. Wir sehen die Patientin auf dem Operationstisch, nackt und androgyn. Die Ärzte und Krankenschwestern stehen daneben, in einer Reihe, die Spritzen wie Dolche in den Händen.

VI. Die Vielfalt der Bilder – Mögliche Deutungen

„Jedes Kunstwerk, wenn es echt und vollkommen ist, posthum auch bei den Lebzeiten des Verfassers ist" (Boris Pasternak).

Bei den nun folgenden Interpretationen, Deutungen und Entschlüsselungen von Einzelwerken spielt der phänomenologische Ansatz eine besondere Rolle.

Die Kunst Willibald Lassenbergers lädt ein zu einer direkten meditativen Betrachtung. Ohne besondere Berücksichtigung evtl. Absichten des wortkargen Urhebers wird der Betrachter ermuntert, dem Werk ohne Scheu als gleichberechtigter Partner gegenüberzutreten.

Ein Bild mutet an, es aktiviert die Phantasie und das Einfühlungsvermögen, es provoziert das Erforschen von Unbekanntem, es animiert zum Suchen und Hinzudeuten. Das manifeste Bild birgt einen latenten Sinn. Um die verborgenen Bedeutungen zu finden, bedarf es „hermeneutischer Anstrengung" (Assmann, 1991). Eine strikte, ein für alle Mal festlegende Verbindlichkeit gibt es nicht. Die Kreativität des Betrachters antwortet auf die Kreativität des Urhebers.

Folgt man dieser Art von ästhetischer Zugriffsweise, dann muß man allerdings strikt darauf achten, daß der Bezugspunkt für alle gefundenen Deutungen das Bild selber in seiner einmaligen Form- und Farbstruktur bleibt. Keineswegs dürfen bildferne Assoziationsketten die bildnerischen Tatbestände, die das Bild ja charakterisieren, verdecken. Da in dieser Untersuchung davon ausgegangen wird, daß die Bilder des behinderten Willibald Lassenberger als Kunstwerke gelten und somit gleichberechtigte Behandlung und fundierte Würdigung verdienen, werden im folgenden noch einige Zitate zur Erläuterung dieser Vorgehensweise angeführt.

So schreibt Wolandt in seinem Buch *Lehrstücke der praktischen Philosophie und Ästhetik* (1977): „Das Subjekt, der Künstler, gibt das, was nur ihm selbst gehört (Gedanken, Gefühle, Anschauungen, Strebungen usw.) preis und gibt es frei in die gegenständliche Welt. Was er produziert ist möglicher Besitz für jeden, der dessen Gestaltstruktur zu sehen, zu verstehen vermag. Wer immer die Bedingungen erfüllt, die dem Werke gesetzt sind (und nirgendwo sonst), für den ist es auch geschaffen". Der englische Kunstschriftsteller John Osborne (1970) sagt: „Es gibt keine ausschließlich richtigen Aktualisierungen eines Kunstwerkes, keine ausschließlich korrekte Interpretation eines Gedichtes, kein festgelegtes mustergültiges Spielen eines Musikstückes, kein einzig richtiges Betrachten eines Bildes. Es gibt allerdings unkorrekte Aktualisierungen, die keine Begründung im Werke selbst haben. Innerhalb des Werkbereiches eines großen Kunstwerkes gibt es also ein breites Spektrum von möglichen und legitimen Aktualisierungen". Der phänomenologischen Methode entspricht in diesem Zusammenhang der in diesen Bildern verborgene symbolische Gehalt, der sich in den verschiedenen Verweis- und Bedeutungebenen erschließen läßt. Symbole vereinigen Gegensätze und leben von einer Mehrdeutigkeit, die, wie schon gesagt, ein Reservoir von kreativitätsheischenden Konnotationen darstellt.

Abb. 43. „Sonne, Töpfe, Kaiserbier, zwei Affen, die Bananen essen", 1989, Kreide auf Tonpapier, DIN A 3.

Malereien und Zeichnungen

Das Auffallende, ja Ungewöhnliche an diesem Bild ist die differenzierende Behandlung der Grauwerte mittels Kreide. Mit außerordentlicher Sensibilität zeichnet Willibald Lassenberger die Gestaltstrukturen, die sich zu einer rhythmisch akzentuierten, getarnt symmetrischen Komposition fügen. Ein helles konkav-konvexes Band teilt die Bildfläche und akzentuiert die Formatspannung (Riedel, 1988). Im Zentrum steht einer der Affen mit großem Haarschopf, großen Ohren und zwei Hörnern am Kopf. Die Banane liegt quer unter den Brustwarzen. Eine gleichartige Affengestalt steht vorne im rechten unteren Quadranten. Die Pendants zu beiden Figuren bilden je ein Bierkrug mit Schaumzipfeln und Henkeln. Das rhythmische Auf und Ab der vier Figuren wird hierarchisiert durch die beiden Sonnen, welche der mittleren Figur symmetrisch zugeordnet sind und diese somit besonders hervorheben.

Welche Bedeutungen können diesen bildnerischen Tatbeständen entnommen werden? Der Zusammenhang Affe und Banane scheint klar und unproblematisch. Aber was haben gefüllte Bierkrüge mit Affen zu tun? Und was für komische Affen sind das noch dazu, wenn sie sich mit großen Ohren, aufgetürmten Haarschöpfen und zwei Hörnern präsentieren? Auch der Bedeutungsgehalt der Grenzlinie bereitet Schwierigkeiten.

Die Bierkrüge andrerseits erscheinen als Attribute zu den Figuren. Man kommt hier einer sinngerechten Deutung vielleicht am nächsten, wenn man die Lebensgeschichte Willibald Lassenbergers in Betracht zieht. Willibalds Eltern arbeiteten in der Brauerei Hirt bei Friesach in Unterkärnten. Der Umgang mit Bier gehörte also zum Alltag der Familie Lassenberger. Suchen wir das Bild weiter meditativ zu entschlüsseln, dann erhebt sich eine Reihe weiterer Fragen. Das Komische, Ungereimte im Bild – will uns Willibald vielleicht an der Nase herumführen, in seiner spitzbübischen Art, die auch in seinem sonstigen Verhalten gar nicht so selten vorkommt? Schockiert er uns durch Widersprüchliches, trickst er uns aus? Etwa als Affen-Krampus oder Affen-Clown? Wir spüren es ja vielleicht, diese Figuren sind Willibald Lassenberger selbst in einer der vielen Verkleidungen, die er sich ja immer wieder zulegt. Ist er selbst der Trickster, der den chtonischen Mächten verbunden ist durch das bukolische Ritual, welches durch das schäumende Bier symbolisiert wird?

Abb. 44. „Adam und Eva und der Sturm", 1990, Tempera, 60 × 42 cm

Ein senkrecht nach unten zuckender Blitz teilt das Bild in zwei Teile: Links sehen wir einen Apfelbaum, der sich im Winde nach rechts beugt. Unter seiner Krone befinden sich zwei Gestalten, ein Mann und eine Frau. Sie stehen in einem Boot, das auf dem Meer sich ebenfalls von links nach rechts bewegt. Ein hellblauer Himmel schließt den linken Bildteil nach oben ab. Rechts stehen zwei gleichgekleidete Gestalten, wohl Polizisten oder Soldaten. Der dem Blitz am nächsten stehende Uniformierte hält ein Seil in der Hand, das mit dem Boot verbunden zu sein scheint. Zieht er es weiter nach rechts? Hier schließt ein dunkelblauer Grund das Bild nach oben zu ab. Die Blautöne, das Rosarot der Umrisse in den Figuren und das warme Weiß des Baums, die Haare und der Himmel und die Uniformen geben dem Bild eine rhythmische Farbstruktur. Die braunen, parallel gerichteten Wellen begünstigen die Schiffsbewegung nach rechts. Die fast parallelen Gestaltschwünge des Baums, des Bootbugs und des Seils vermit-

teln ebenfalls Bewegung. Diese erscheint jedoch gebremst durch die Gestaltkreuzung des Boothecks mit dem Baumstamm links. Die Komposition bewirkt einerseits eine starke Spannung zwischen den Bildteilen, andererseits sind beide Teile durch Formen und Farben, und insbesondere durch die diagonale Verstufung der Hauptpersonen, miteinander verschmolzen. Der Blitz trennt und vereinigt zugleich. Die Konnotationen, die diese bildnerischen Tatbestände ermöglichen, sind vielfältig, jedoch ohne große Metapherndistanz. Adam und Eva entfernen sich oder werden entfernt aus dem schützenden Paradies, symbolisiert durch den Apfelbaum, mittels der Schlange, die sich als Boot anbietet. Vom Sturm getrieben und von der Schlange an Bord genommen, von den Polizisten gezogen, verlassen Adam und Eva das Paradies auf Geheiß des Blitzes (als Sendbote Gottes?). Vom hellen Hintergrund wechseln sie in einen dunklen Hintergrund, in eine Welt, in der Blitze und Uniformierte herrschen?

44

Abb. 45. „Amerika", 1991, Tempera, DIN A 3

Das rechteckige Format hat der Künstler in vier Bildflächen verschiedener Größen unterteilt, sozusagen in vier unterschiedliche Quadranten.

1. Bild: Die Freiheitsstatue (Willibald sagte zur Fackel, „das ist ein Stab").
2. Bild: Amerikas Kaiser mit Geld
3. Bild: Amerika-Mann mit Geld
4. Bild: Amerika-Frau mit Krone. („Sie ist auf der Fahne und freut sich").

Willibald verwirklicht hier vordergründig Ideen klischeehafter Art. Das Bild sagt uns, daß er mit dem Wort „Amerika" folgende Vorstellungen verbindet: die Freiheitsstatue mit Krone und Fackel, den Herrscher = Kaiser mit Geldmünzen, den Mann mit dem Geld und die Frau mit dem Sternenbanner. Nachdenklich stimmt den Betrachter Art und Fügung der Personen. Die beiden linken Bilder stehen formal für sich allein. Auffällig ist dabei die kümmerliche Gestalt des Mannes, verglichen mit der mächtigen, fülligen, mit Hut bekrönten Frau rechts. Die beiden rechten Darstellungen sind zu einem Bild verschmolzen. Der Mann ist verbunden mit dem Geld, die Frau verbunden mit den Sternen, der Fahne und beide verbunden miteinander zu einer Gesamtfigur – die man wiederum als ein androgynes Wesen deuten kann. Links im Bild sind der Mann und die Frau (die Freiheitsstatue), getrennt, rechts aber sind sie zu einer Einheit geworden.

Abb. 46. „Jesus im Schiff, Regenbogen und Bomben",
1989, Filzstift und Tempera, DIN A 2

Wie auf einer Bühne vollzieht sich hier das heilige Geschehen. Eine dem Blattrand angepaßte breite Umrandung bildet den Bühnenausschnitt. Der linear,
nicht aber farblich gegliederte Regenbogen formiert
sich zu einem nun abgerundeten Rahmen im Rahmen.
Der äußere Rahmen geht am unteren Rand in eine
breitere, umgreifendere Farbform über, die das dunkle
Wasser symbolisiert. Im Zentrum des Bildes steht
Christus mit Heiligenschein und Kreuz auf einem
Boot. Zwei Wächter postieren sich neben ihn, ein drit-
ter befindet sich hinten links von der Mitte. Die wie al-
tertümliche Kanonenkugeln aussehende Bomben sind
links und rechts von Christus sichtbar und einzeln auf-
gereiht. Zwei Gebäude, die an Panzerschränke erinnern, schließen die Gruppe links und rechts ab. Bei
dieser Arbeit bestätigt die ausdrucksstarke graphische
und farbliche Differenzierung die wuchtige Plazierung
und die sensible Grauwertgestaltung innerhalb der
Farbklänge Gelb – Ultramarinblau – Brauntöne. Das
ganze Bild stellt in seiner grafischen Grauwertstruktur
eine außergewöhnliche Leistung dar und ist ein ein-
drucksvoller Beleg für den Variationsreichtum im
Werk Willibald Lassenbergers.

Abb. 47. „Nikolaus und Krampus", 1987,
Tempera, DIN A 2

In einem Wald von Kerzen sehen wir den Krampus und
den Nikolaus. Letzterer schaut eher aus wie ein Schild
oder wie eine Lebkuchenform. Der Krampus hat einen
langen Bart und prächtig entwickelte Hörner. Diese
sind durch schwarze Spitzen markiert. Auf diese Weise
heben sie sich deutlich von den ähnlich geformten vielen Kerzenflammen ab. Zwei Tannenbäume rahmen
die beiden Gestalten ein. Die Flammen in der rechten
und mittleren Bildhälfte sind dem Wind ausgesetzt,
der von der rechten Seite kommt. Dieser Luftzug
scheint nach den beiden Figuren zur Ruhe zu kommen,
denn die Flammen zeigen sich hier aufrecht plaziert.
Die Farbstrukturen des Bildes erinnern uns in ihrer
durchweg warmen Ausstrahlung an Backwaren, an
Lebkuchen oder an Brezeln, an knuspriges Weih-
nachtsgebäck. Im brennenden Kerzenwald fühlen sich
Teufel und Nikolaus wohl. Dem Nikolaus gegenüber
neigen sich die Kerzenflammen, beim Krampus jedoch
halten sie sich aufrecht, sie verneigen sich nicht.

Abb. 49. „Der Pfau sitzt im Baum", 1988, Filzstift,
DIN A 4

Abb. 48. „Freitag, Duschtag", 1987,
Filzstift, 21 × 21 cm

Die Themen willibald'scher Kunst bewegen sich vom Religiösen zur Welt der Tiere, zur Welt der Apparate und Maschinen, zur Welt des Alltags und zu den Erlebnissen in der Werkstatt. Der Freitagabend ist der Badetag für die Werkstattangehörigen. Ein Ereignis, auf das sich Willibald sicher freut und das ihm sozusagen das Erlebnis der Nacktheit regelmäßig beschert.

„Der Pfau sitzt im Baum. Zwei Rösser sind am Baum festgebunden. Auf dem Bild ist gerade ein Erdbeben. Alles rüttelt, alles schüttelt, alles wackelt". Die schrägen runden Scheiben sind Steine. Eine fast überbordende Axialsymmetrie bildet die Grundstruktur dieses Bildes. Ein System homogener Farbflächen in gleichgewichtige Umrisse eingebettet, durchzieht das Format. Die schwarzen Kugelformen liefern weitere symmetrische Gliederungspunkte. Gestaltähnliche, ausgezackte obere Begrenzungslinien des Baumes, der Blumen, der Hörner der Tiere und des Baumfußes sorgen für weitere rhythmisch-isomorphe Durchdringungen. Der Pfau ist wohl das bekrönte Tier in der Baumkrone. Wir haben es also mit einem Pfauenbaum zu tun. Kann es sein, daß sich hier eine heilige Handlung vollzieht? Die Anbetung der Tiere vor dem Pfauengott? Der Baum als heidnischer Wallfahrtsort, der den Gott beherbergt? Der Lebensbaum als Pfauenbaum und Auferstehungsmotiv?

Abb. 50. „Haus mit Feuer", 1984, Tempera, DIN A 3

Dieses Bild ist ein besonders erhellendes Beispiel für die urtümliche Art eines Bildermachens, in der die Gegenstände nicht ausschnitthaft, unabhängig von Bildträger und Bildfläche dargestellt werden. Das Bildgeschehen spielt sich hier konkret auf einem Stück Papier bestimmter Größe und bestimmten Formates ab. Die Ecken des Bildträgers, seine Begrenzungen, werden vom Zeichner konkret erfahren, ja vielleicht haptisch erfühlt. So überrascht es dann kaum noch, wenn von den Ecken, als Markierungspunkte von besonderer Prägnanz, eine Art Symmetriesog ausgeht und dadurch die Rauchfahnen entgegen unserer Alltagserfahrung zum jeweiligen Rand links und rechts abgelenkt werden. Auch verbessert sich durch diese Art der Anordnung die kompositionelle Festigkeit des Bildes.

Abb. 51. „Katze", 1989, Tempera auf grünem Tonpapier, 41 × 30 cm

Das Plakat, das Janes Katze (Abb. 32) abbildete, regte Willibald Lassenberger zu weiteren Versuchen an, sich mit dem Thema Katze auseinanderzusetzen. Im vorliegenden Beispiel weicht Willibald vom Vorbild ab, insofern er zu der ihm vertrauteren Profildarstellung zurückkehrt. Auch die schon klassische kompositionelle Einbeziehung eines Grundes bzw. von Grundunterteilungen erscheint wieder. Das Besondere an diesem Bild ist die punktuelle Aussparung des ursprünglich grünen Grundes beim Kopf der Katze, und die interessante Art, den Schwanz darzustellen, nämlich mit einer Spitze, an der sich ein dreiecksförmiger Endknoten befindet. Bildnerisch gesehen ist aber die Lebendigkeit der Konturensetzung besonders deutlich bei den Beinen und Krallen des Tieres zu spüren. Durch das fleckhafte, nachträgliche Auftragen der Hintergrundfarbe Gelb und der Beinfarbe Rot ändert sich die Qualität der Linien von der strengen Einförmigkeit der ursprünglichen Malweise zu an- und abschwellenden, eher dynamischen Begrenzungs- und Auskragungslinien.

Abb. 52. „Katzen", 1989, Tempera auf farbigem Grund, 70 × 50 cm

Vergleichen wir dieses Katzenbild mit dem vorher besprochenen, so überrascht doch die starke Konnotationskraft der jeweiligen Farbgebung. Im Unterschied zur heiteren Atmosphäre des Bildes Nr. 51, vermittelt das obenstehende Katzenbild etwas Dämonisch-Hintergründiges. Das krasse, helle und grünlich wirkende Gelb (da schlägt der blaue Hintergrund zuweilen durch), verbunden mit Blau, Dunkelgrün und Schwarz, läßt die Katze eher als ein urzeitliches Raubtier erscheinen. Dazu trägt auch die merkwürdige, unseren Sehgewohnheiten widersprechende Gestaltung des Kopfes bei. In entschiedener Frontalität, also in kanonischer Formpräsentation, zeigt uns der Urheber einen mythisch-urzeitlichen Katzenkopf, drohend und verschlagen, maskenhaft, mit langem, fast rechteckig zugestutztem Bart und einer grünen, mützenartigen Haarbedeckung. Diese sphinxhafte Katze hat nicht nur Ohren, die rechtwinklig in größtmöglicher Richtungsunterscheidung plaziert

sind, sondern auch zwei spitze, gelbfarbene Hörner und einen langen, spitz zulaufenden Schwanz, ebenfalls aus gelber Farbe.

Wie bei allen Werken, die dem urtümlichen bildnerischen Denken verpflichtet sind, ergibt sich auch hier eine Mehrdeutigkeit symbolischer Art. Der bärtige gehörnte Katzerich kann sicher auch ein Löwe sein oder ein Geißbock und damit auch ein Krampus und ein Teufel. Die Katze als Teufel – hier ergeben sich ähnliche Konnotationen, wie wir sie bei den Katzen Jane Camerons sehen. Dieses Bild gibt uns nicht nur einen neuerlichen Einblick in die Konnotationsvielfalt bildnerisch metaphorischen Denkens, sondern bei der zweiten Katze auf der nächsten Seite werden Vermutungen wach, hinsichtlich bildnerischer Probleme, die dem Urheber große Schwierigkeiten bereiten und deren Lösung innerhalb der Bedingungen seiner spezifischen bildnerischen Denkstruktur kaum möglich ist. Die Mischprofil darstellung des Katzerichs, groß und prägnant ins Blatt gesetzt, läßt für das Katzenkind im Korb wenig Platz. Da der schmale Raum am rechten Rand keine Mischprofildarstellung zuläßt (und sie wäre nach den Denkkategorien Willibald Lassenbergers allerdings die richtige Art der Darstellung), müßte er sich auf eine Darstellung der totalen Frontalität einlassen. Diese Frontalität würde innerhalb einer aspektivischen Bilderwelt der Gestaltungsabsicht entsprechen, wie wir sie nebenstehend auch bei Jane Cameron finden: acht Beine, die links und rechts auskragen. Vier Beine würden allerdings nicht genügen, denn dann wäre die Macht der axialen Symmetrie im Gesamtaufbau des Bildes gestört. Da auch dafür nun kein Platz ist und er die Achtteiligkeit nicht wagt oder vielleicht in einer gewissen Selbstüberschätzung meint, sogar eine verkürzende Darstellung bewältigen zu können, versucht er eben genau das und scheitert. Die Formgebung der Beine des Körpers bleibt deshalb völlig unklar.

Ein anderes bildnerisches Problem aber löst Willibald mit Bravour. Es geht um die Präsentation des Korbes, in dem ja die Katze sich befindet. Da das geflochtene Muster wichtig erscheint für das Wesen und die haptischen Qualitäten des Korbes, zeichnet er ihn so, daß die Gesamtstruktur unversehrt bleibt, getreu dem bildnerischen Denkansatz, dem auch Kinder im Vor- und Grundschulalter huldigen: „Jeder Form ihren Umriß, jeder Form ihren Raum". Es werden also verunklärende Überschneidungen vermieden. Das Muster des Korbes selbst ist einprägsam, einfach und stimmig wiedergegeben.

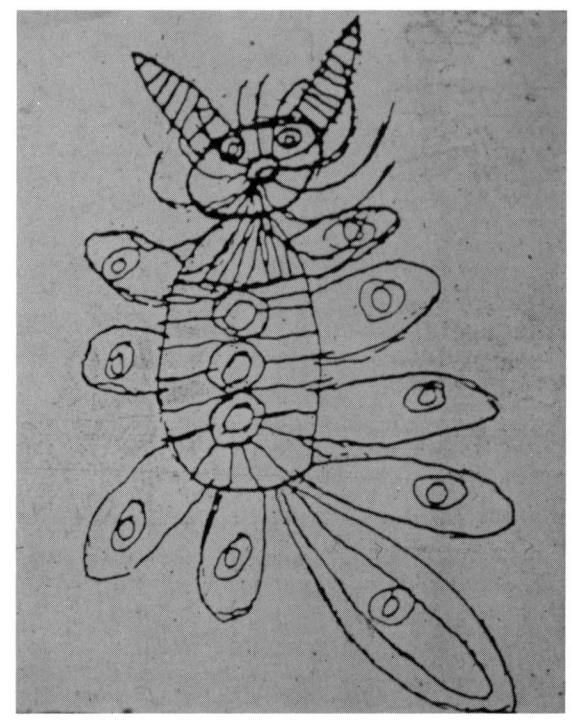

Abb. 53. Jane Cameron: „Katze", 1979, Kugelschreiber, 20 × 32 cm

Abb. 54. „Soldaten", 1987, Filzstift, DIN A 3

Im Mittelpunkt des Bildes steht ein geschmücktes Kreuz. Um dieses gruppieren sich uniformierte Gestalten, die an Spielzeugsoldaten erinnern. Links über dem Kreuz sehen wir einen Zahlen- und Buchstabentext, der für den Analphabeten Willibald Lassenberger sicher einen Inhalt darstellt. Am oberen Rand des Formats gruppiert sich eine Stadt samt großem Gebäude mit Flachdach, in einer Türöffnung steht eine Figur in feierlicher Haltung. Das ganze Bild hat den Charakter einer Illustration. Bild und Text gehen eine gelungene Verbindung ein.

Abb. 55. „Kühe im Schnee", 1985, Tempera, DIN A 3

Dieses Bild besticht wegen seiner lapidaren Darstellung von Formen und Farben. Die Form- und Farbteile fügen sich zu einer einfachen aber ausdrucksstarken Gesamtkomposition. Das Thema selbst hat sicher einen Erlebnishintergrund für den in bäuerlicher Umgebung aufgewachsenen Willibald Lassenberger.

51

Abb. 56. „Polizist mit Motorrad-Maschine", 1990, Filzstift, DIN A 4

In diesem Bild ist die Schrifttafel in der rechten Hälfte von besonderem Interesse. Willibald Lassenberger gab dazu folgende Auskunft: „Heim – Meierei – Willibald" . Seine Unterschrift oder Signatur „Willibald" bedeutet gleichzeitig auch „Meierei" – die Heim- und Arbeitsstatt in der er lebt. In der Meierei befindet sich auch sein eigenes Zimmer. Interessant ist der symmetrische Aufbau des Schriftbildes und das ausgesparte Weiß in den Buchstabenschleifen.

Abb. 57. „Erdbeeren im Winter", 1989, Tempera, 70 × 50 cm

Hier handelt es sich um ein Bild im Bild. Die Jahreszeiten scheinen zu verschmelzen. Einerseits stellt das Bild in der Mitte die Burgruine Landskron bei Villach im Winter dar, andererseits sehen wir unterhalb des Burgberges frische Erdbeeren. Diese Beeren gehören zu einem Erdbeerfeld, in dem im Frühsommer die Behinderten aus Treffen, darunter auch Willibald Lassenberger, als Pflücker tätig waren. Ringsherum, sozusagen im zweiten, dem Rahmen-Bild, befindet sich, nach Auskunft des Urhebers, die alte Mauer der Ruine mit ihren Steinen und Wildpflanzen.

Abb. 58. „Das Hochzeitsbild von Vater und Mutter",
1990, Malbuch, Filzstift, 21 × 21 cm

Der Herstellungsvorgang dieses Bildes wurde im Video-
film „Hochzeitsbild und Friedhof – von der Linie zum
Fleck" festgehalten. Willibald beginnt mit der linken Figur, einem evangelischen Pfarrer. Dann zeichnet er die
Mutter mit Krone und Blumenstrauß, danach einen ka-
tholischen Pfarrer auf der rechten Seite. Zwischen diese
beiden Figuren setzt er einen kreuzförmigen Grabstein.
Dunkles Wolkenband, Blitz, Sonnen und Monde schließen die Komposition nach oben hin ab. Zum Erstaunen
der Zuschauer fehlt der Vater auf dem Hochzeitsbild.
Willibalds Äußerung, das Geschehen spiele sich auf einem Friedhof ab, verursachte anfangs Ratlosigkeit bei
den Beobachtern. Nach einem längeren Gespräch mit
dem Urheber stellte sich die Logik der Abwesenheit des
Vaters heraus: der Vater ist ja tot und liegt schon seit vielen Jahren auf dem Friedhof.

Abb. 59. „Im Spital", 1988 Filzstift,
DIN A 4

Diese Krankenhausszene ist ein immer wiederkehrendes Motiv im Werk
Willibald Lassenbergers, wohl Aus-
fluß seiner traumatischen Erfahrungen seinerzeit in Graz. Der Patient –
sicher der Urheber selbst – liegt auf
dem Operationstisch. Arzt und Kran-
kenschwester sind mit ihren Taschen
ans Bett gekommen. Das geliebte Ste-
reogerät steht auf dem Nachttisch.
Der Patient vergießt Blut oder Tränen
oder beides. Der Künstler hat sein
Werk rechts unten signiert.

Abb. 60. Bildserie: Entstehungsphasen des Bildes „Mann mit Bombenwurfmaschine", 1989, Tempera auf Tonpapier, 50 × 70 cm

Willibald beginnt das Bild am linken Rand des Blattes mit der Umrißgestaltung durch breite schwarze Linien. Er entwickelt die Personendarstellung von unten nach oben. Bald wird eine flächenfüllende Farbe (Rot) eingeführt. Weitere binnengliedernde Elemente tauchen auf, zum Teil ohne Vorzeichnung. Die einmal begonnene Figur wird weiter farblich gestaltet und fertiggestellt. Nun folgen die anderen Teile des Bildes. Vor Beendigung des Herstellungsvorganges allerdings werden auch noch kleinere Veränderungen in den schon fertigen Teil des Bildes vorgenommen.

2

1

3

4   5

Abb. 61. „Mann mit Bombenwurfmaschine, 1989, Tempera, 70 ×50 cm

55

Abb. 62. „Der Bauernhof und die Wildschweine", 1984, Filzstift, DIN A 2

Es gibt eine Reihe von Bildern im Werke Willibald Lassenbergers, in denen räumliche Darstellungen von Häusern und technischen Geräten vorkommen. Das nebenstehende Werk ist ein typisches Beispiel aus dieser Reihe. Diese Art des Bildaufbaus verbindet parallelperspektivische bzw. inversionsperspektivische Merkmale auf ganz erstaunliche Weise. Das sonst bei den Bildern gültige Flächenprinzip erscheint durchbrochen. Und doch bleibt das grundlegende, für Willibalds Stil so typische synkretische Tendenz der Präsentation erhalten. Das Bild stammt, unverwechselbar, von Willibald Lassenberger. In dem von verschiedenartigen Gebäudekomplexen definierten Raum siedeln übergroße Tiere, wie auch bis ins Detail strukturierte Fahrzeuge. Rechts oben sehen wir den Wachhund und darunter, unterhalb des Zaunes, zwei kleine Wildschweine. Eine unwirkliche, surrealistische, ja märchenhafte Stimmung entsteht durch das Zusammenwirken der Blumenreihung am unteren Bildrand, der verschiedenen großen Tiere, der drei Sonnen und der Wolken. Dies könnte auch als eine Illustration für ein Kinderbuch dienen. Zu der märchenhaftgemütlichen Stimmung trägt auch die konsequente Farbgebung bei. Die braunen, gelblichen, rötlichen und erdfarbenen Töne bilden einen innigen und stimmungsvollen Farbklang. Der weiße Hintergrund vermittelt keineswegs den Eindruck des Unfertigen. Im Gegenteil, er trägt dazu bei, im Betrachter die Vorstellung von Traum und Wirklichkeit zu verschmelzen.

Abb. 63. „Militärhelme", 1987, Tempera DIN A 3

Willibald Lassenberger gab hier nur bruchstückhaft einige Hinweise: „Militärhelme", „Bundesheer-Anorak", „Bundesheer schießt".

Dieses Bild scheint besonders geeignet um zu zeigen, was unter anschaulichem (= bildnerischem) Denken verstanden werden kann. Betrachtet man das Bild rein phänomenologisch, dann erscheint die Inhaltsbestimmung recht einfach. Wir sehen sechs Soldatenhelme verschiedener Größen, mit herunterhängenden Kinnriemen. Die Helme selbst sind sehr prägnant, reich an Formvarianten. Eine rote, kübelartige Grundform, länglich, mit goldenem Band, goldenem Stern und goldenem Pickel machen diese Gestalt aus. Dazu kommen noch zwei Uniformjacken mit Gürtel, Schulterriemen, Schulterstücken und Ordensstern. Der schmutzig gelb-braune Grund verbindet sich mit dem dunkelblauen Uniformtuch zu einer etwas düsteren Stimmung, in der aber die goldenen Helmteile blitzend aufleuchten. Beziehen wir die Äußerungen des Urhebers in unsere Überlegungen mit ein, dann haben wir Schwierigkeiten, diese nach unserem Verständnis doch eher operettenhaften, altmodischen Uniformen als Helme und Anoraks des Österreichischen Bundesheeres des Jahres 1987 wieder zu erkennen. Hier nun werden wir dem bildnerischen Denken habhaft, das ein anschauliches ist, das auf Prägnanz, Gestaltunterscheidung und Gestaltähnlichkeit aus ist. Diese Helme nämlich sind ja wesentlich gestalthafter, differenzierter als die heutigen All-

Abb. 64. Verkehrszeichen „Unbeschrankter Bahnübergang"

erweltsstahlhelme, die auch das Bundesheer eingeführt hat. Das gleiche gilt für die Uniformen. Worin unterscheidet sich heutzutage ein österreichischer Soldat von einem anderer Länder? Dieses Phänomen einer Gestaltprägnanz kann hier auch anhand einer unserer Verkehrszeichen besonders deutlich gemacht werden. Das Warnzeichen für „Achtung, unbeschrankter Bahnübergang" ist immer noch eine altmodische Dampflokomotive, obwohl es schon seit vielen Jahren gar keine Dampflokomotiven mehr gibt. Die gleichförmig nivellierte Stromlinienform der heutigen Lokomotiven, eher an längliche Kartoffeln erinnernd, mindert die Aufmerksamkeit heischenden Gestaltunterschiede ganz beträchtlich.

Kehren wir zur phänomenologischen Betrachtungsweise zurück und versuchen wir – unabhängig von den Äußerungen oder den bewußten Intentionen des Urhebers – symbolische Bezüge zu finden, wagen wir die artefaktbezogene Konnotation! Es überrascht ja, daß Willibald Helme und Uniformen ohne die dazugehörigen Personen malt: schöne Helme ohne Köpfe, aber mit Riemen, prächtige Uniformen ohne Körper, so wie Militärkleidung in einem Schaufenster ausgestellt sein könnte. Zeigt sich hier die Anonymität des Soldaten, seine Gleichheit einerseits unter seinesgleichen, aber andererseits das Besondere, das ihn von den Soldaten anderer Länder und von den Zivilisten des eigenen Landes unterscheidet?

Abb. 65. „Geistervogel", 1987, Filzstift, DIN A 3

Die Äußerungen Willibald Lassenbergers über dieses Bild lauten: „Ein Vogel mit Krone, ein Geistervogel. Ein Baum mit Herzdecken. Wenn es finster ist kommt der Geistervogel. Er ist böse. Er fliegt auf den Berg. Eine orangene Sonne, weil Nacht ist. Und der Mond. Blumen. Er hat Kreuze, weil er ein Geistervogel ist."

Dieses Bild belegt die Tatsache, daß in Willibalds Bildern die Symmetrie keineswegs starr und unerbittlich angewandt wird. Der Malvorgang selbst kann dabei durchaus auf duale, symmetrische Weise erfolgt sein. Symmetrisches Vorgehen ist nicht unbedingt gekoppelt mit symmetrischen Ergebnissen.

Die düstere Stimmung des Bildes wird durch die gelbfarbigen Akzente bei Krone, Blumen und Mond ins geheimnisvoll Magische verwandelt. Es schaut so aus, als öffne sich ein dunkelblauer Himmel, umschlossen von einer Art Vorhang aus dunklen, braunroten Farbflächen. Ein königlicher Geist, mit dem Kreuzeszeichen und den etwas kümmerlichen Flügeln und dem mächtigen, klobigen Körper ohne sichtbare Beine, scheint auf den Betrachter zuzuschweben. Man könnte Angst haben. Er

kommt von draußen herein. Aber die Blumenreihe im Vordergrund bremst den Vogel. Er muß landen, er setzt mit seinen Beinen = Blumen auf. Es ist wie im Traum. Auch dort gibt es ja den beinahe universellen Traum des Fliegens und die damit verbundene Angst zu landen. Hier wirken die farblich zurückgenommene dunkelorange Sonne, der helle, gelbe Mond und die drei Blumen mit merkwürdig unterschiedlichen fetten Stengeln auf uns ein. Und dann ist da noch der fast wie eine Jugendstil – Tischlampe aussehende Baum mit den rautenförmigen Herbstblättern und einem Standbein aus symmetrisch angeordneten breiten Wurzelstücken.

Willibald sagte: „Er hat Kreuze, weil er ein Geistervogel ist". Diese Aussage reimt sich auf den ersten Blick nicht mit den bildnerischen Tatbeständen. Ist es ein christlicher Geistervogel, dann ist er ungefährlich. Oder findet hier in der Vorstellung Willibald Lassenbergers eine für das phylogenetisch frühe Denken typische Verschmelzung, ja Kontamination statt? Symbolisiert etwa das Kreuz den guten Geist des Christkönigs und der gefährliche Vogel die bösen Geister?

66/1

66/2

Abb. 66. Serie „Selbstbildnisse".

Diese Selbstbildnisse sind nicht Bildnisse im traditionellen Sinn, die etwa unter Zuhilfenahme eines Spiegels entstehen, sondern eher verkappte Darstellungen des Selbst.

Es sind Projektionen des Urhebers, in denen Wahrnehmungen und Erinnerungen visueller, kinästhetischer und haptischer Art sich zu Bildern verfestigen und sich gleichzeitig mit Wunschvorstellungen verbinden.

Im Ablauf eines Jahres verwandelt sich Willibald Lassenberger in einen Sheriff, in einen Soldaten mit Phantasiehelm, in einen Feuerwehrhauptmann, in einen Schiffskapitän und nicht zuletzt in einen Krampus oder Spitzbartel.

Bei Abb. Nr.66/3 erscheint der Krampus als pars-pro-toto Figur, die zwei Arten von Teufelshörnern aufweist: einmal große, gewundene Hörner mit dunklen Spitzen und dann kleine, dunkle Hörner, sowie eine hakenförmige Teufelszunge. Der zweite Krampus (Abb. 66/4) ist fast in seiner ganzen Länge abgebildet. Hier kommt der bedrohliche, Angst einflößende Charakter dieses Wesens besonders deutlich zum Ausdruck. Dieser Krampus, bewehrt mit Rute und einer mächtigen, schweren Kette und ausstaffiert mit Hörnern und großen, spitzigen Ohren und einem eulenartigen Gesicht, hat schon ein Kind eingefangen.

66/3

6‹

66/5

60

Collage und plastische Versuche

Im Rahmen der Untersuchung wurden Willibald Lassenberger in gewissen Zeitabständen neue bildnerische Verfahren vogestellt. Diese sollten, falls angenommen, zu einer Verbreiterung des Ausdrucksrepertoirs beitragen. Linolschnitte, Hinterglas- und Stoffmalerei, Plastizieren mit Brennton, sowie das Collageverfahren dienten diesem Zweck.

Abb. 67. „Indianer mit Federschmuck", 1988, Papiercollage, DIN A 2

Nach einem kurzen Vorgespräch und einer Demonstration des Collage-Verfahrens ging Willibald ohne Zögern an die Arbeit. Es stellte sich heraus, daß er trotz des neuen und andersartigen Verfahrens dieselbe Zugriffsweise praktizierte wie beim Malen. Er übertrug die Prinzipien des Übermalens auch auf diese Arbeit. So überklebte er einen ursprünglich mit rotem Papier fixierten Körper mit einer gelben Papierform – denn es sollte ja ein gelber Indianer sein. Auch geht er wiederum symmetrisch im Aufbau des Bildes vor. Er äußerte sich zum Bild: Indianer mit Speer, Friedhof (das Kreuz steht in pars-pro-toto-Manier für den ganzen Friedhof) und einen Marterpfahl zwischen Kreuz und Indianer im unteren Teil der Komposition. Der Marterpfahl präsentiert sich in Form eines „echten" Stöpsels des Klebestifts! Es ist dies also nicht nur eine Papiercollage, sondern auch eine Materialcollage (davon war in der Einführung keine Rede).

Im gestaltenden Umgang mit Ton zeige Willibald Lassenberger ebenfalls große Ausdauer. Das Tasten, Drücken, Quetschen und Verstreichen knetbaren Materials bereitete ihm Freude. Leider konnte dieser Anlauf zum bildnerischen Gestalten im dreidimensionalen Bereich nicht weiterverfolgt werden. Äußere Umstände und finanzielle Engpässe waren der Grund hierfür.

Abb. 68. Tonplastik „Haus", 1984, 35 × 35 cm

Der Vorgang des plastischen Gestaltens konnte genaustens beobachtet werden. Das Relief zeigt ein überzeugendes Plazierungsmuster. Eine mit dem Modellierholz plattgedrückte und eingekerbte Lineatur aus Ton bestimmt die Gesamtstruktur und den Oberflächenreiz des Reliefs. Das Kerben, das dem Befestigen der Tonstreifen dient, wurde in ritualisierten, immer wiederkehrenden Bewegungen ausgeführt. Dieses behält einen starken grafischen Charakter.

Abb. 69. Tonplastik „Elefant", 1984, 31 cm

Mit großem Gusto ging Willibald Lassenberger an die Arbeit. Der haptische Umgang mit knetbarem, verstreichbarem Material machte ihm sichtlich Vergnügen. Allerdings bereitete ihm die Statik anfänglich große Schwierigkeiten. Erst nach mehreren Versuchen gelang es ihm, mit massiven Keilen aus Ton die Kopf- und Körperform genügend abzustützen. Das Grundelement des plastischen Aufbaus bilden in diesem Falle die vom Relief her bekannten Wülste aus Ton. Bemerkenswert ist die maskenhafte Form des Schädels mit den übergroßen Augen und einer zentralen Bekrönungsform in der Mitte.

Abb. 70. Tonplastik, „Der Lindwurm in Klagenfurt", 1984, 23 × 23 cm

Diese Plastik ist insofern bemerkenswert, als hier eine stärkere räumliche Komponente in der Gestaltung zum Ausdruck kommt. Bei einem Besuch in Klagenfurt hatte Willibald Lassenberger Gelegenheit, die landesweit berühmten Lindwurmstatue zu bewundern. Die Statue ist von einer schweren Kette, die rechteckig um den Lindwurm herumführt, eingegrenzt. Es entsteht dabei eine spezifische räumliche Anordnung, eine Art Gehege. Es war nun offensichtlich diese Raumsituation, die Willibald Lassenbergers Vorstellung beflügelte und ihn veranlaßte, nicht nur den Lindwurm selbst, sondern eben auch die ganze „Installation" plastisch zu gestalten.

Auslegungen

Im folgenden unternimmt Herr Pfarrer Roland Ratz, Rektor der La Tour'schen Anstalten, Auslegungsversuche, die er in dieser oder ähnlicher Form für die Gemeindearbeit verwendet.

Abb. 71. „Der Auferstandene", 1990, Tempera, 70 × 50 cm (s. S. 65)

Bilder haben ihre eigene Geschichte. Das in weichen, warmen Farben gemalte Bild wurde stark beschädigt im Zimmer von Willibald an die Wand geheftet gefunden. Auf der rechten unteren Seite sieht man noch die Bruchstelle, hinaufgehend bis zur oberen Kerze. Auf der linken Seite war das Bild ebenfalls eingerissen. Es ist ein sogenanntes Symmetriebild. Nur die blau umrandete Kerze auf der rechten Bildseite stört die Seitengleichheit. Symmetriebilder sind Darstellungen des Vornehmen und Heiligen, wir finden sie in der Kunst aller Völker der Erde. Bei einem Symmetriebild wird grundsätzlich die Hauptsache in die Mitte gemalt. Hier ist es der gekreuzigte, wiederauferstandene Christus. Willibald wagt sich an ein religiöses Thema. Wir dürfen nicht in gewohnter Weise versuchen, geistlich und weltlich zu unterscheiden. Für Willibald gibt es nur eine Welt, seine Welt. Der Hahn mit drei Beinen, die Gratulanten bei einer Feier und Christus am Kreuz sind alle Teil seiner Welt. In der Hausgemeinschaft der „Meierei" werden die christlichen Feste noch gefeiert, es gibt Andachten und der Gottesdienstbesuch ist selbstverständlich. Dahinter steht kein Zwang.

In dem vorliegenden Bild finden wir das ganze Kirchenjahr dargestellt. Die Kerzen kennen wir aus zahlreichen Weihnachtsdarstellungen. Christus ist gekommen als Licht in eine dunkle Passionszeit. Willibald nennt das Bild aber „Der Auferstandene". Bei genauem Hinsehen entdecken wir, daß der Kreuzesbalken fehlt. Christus trägt eine große Krone auf seinem Haupt. Willibald nennt ihn darum König. Das ist die Osterdimension des Bildes. Die Kerzenflammen schlagen nach links, als ob ein Wind durch das Bild weht. Es wird der Heilige Geist als Wind dargestellt.

Eine Besonderheit ist die große Schrift über der Krone. Willibald hat sich schon länger mit dem „INRI" über dem Kreuz befaßt. Er ist ein Analphabet, er besuchte keine Schule, so gibt es für ihn keine Möglichkeit, die Schrift zu entziffern. Er hat ihr eine eigene Bedeutung gegeben. Seit der ersten Ausstellung begann Willibald seine Bilder zu signieren. Die Unterschrift ist immer auf dem rechten unteren Bildrand. Es ist eine künstlerisch gestaltete Unterschrift, mit Spitzen und Rundungen, mit Höhen und Tiefen, die aber keine Rücksicht nimmt auf eine richtige Reihenfolge von Buchstaben. Es ist genau genommen die Unterschrift eines Analphabeten. Was bedeutet bei Willibald eine Unterschrift?

Ich stelle mir vor, wie er sich beim Entstehen eines Bildes müht, wie er seiner Welt einen eigenen Ausdruck verleiht, wie er Farben verwendet. Wenn er zum Schluß seine Unterschrift auf den rechten unteren Bildrand setzt, so bedeutet dies wie bei anderen Künstlern: „Ich, mein Werk". Damit grenzt er das Bild gegen andere künstlerische Werke ab. Aber auf unserem Bild ist die Unterschrift über dem Gekreuzigten, das ist ungewöhnlich. Die Unterschrift gehört zur Hauptsache, die auf dem Bild dargestellt ist, zur Christusdarstellung. Wenn Willibalds Unterschrift bedeutet, „ich, mein Werk", könnte man hier sagen, daß Willibald, ein Analphabet, Jesus seine Unterschrift leiht, also über dem Kreuz anbringt, damit auch er sagen kann „ich, mein Werk".

Abb. 72. „Der Stein und der weiße Himmel", 1991, Tempera, 70 × 50 cm

Niemand weiß, wie es dazu kam, daß Willibald Lassenberger Fahnen entdeckte und sie zu beobachten begann. Es werden wenige Farben nebeneinander gestellt. Rot-weiß-rot ist die österreichische Fahne, schwarz-rot-gold ist die deutsche Fahne, die Diakoniefahne ist einfach blau und hat ein Zeichen in der Mitte. Aus eigenem Antrieb begann Willibald Fahnen zu entwerfen. Es bereitet ihm Mühe, sich auf wenige Farben und auf wenige Symbole zu beschränken. In keinem Fall versuchte er bestehende Fahnen nachzuahmen. Er ist auf der Suche nach seiner Fahne. Aus diesen Versuchen stammt das vorliegende Bild. Willibald nennt es „Der Stein und der weiße Himmel". Im oberen Teil hebt sich vor einem goldenen Hintergrund ein an drei Seiten rot eingerahmter Ausschnitt einer Landschaft ab. Landschaftsmalereien sind bei Willibald sehr selten. Eigentlich sollte man annehmen, daß er fasziniert ist von dem Gebirgszug der Karawanken, der von der „Meierei" aus sichtbar ist. Im frühen Sommer haben diese Berge weiße Hauben. Der Schnee ist noch nicht geschmolzen. Wenn es leicht dunstig ist, scheinen die Gipfel zu schweben, sie werden zum weißen Himmel, der sich über der Welt, auf der sich Willibald bewegt, erhebt. Die Landschaft mit den hinterein-

ander angeordneten Bergketten ist symmetrisch gemalt mit Ausnahme der roten Bögen auf der rechten Seite. Sie geben dem Bild eine eigene Spannung und Lebendigkeit. Sonnenaufgang oder -untergang ist hier nicht dargestellt. Es dürfte zur Fahnenkomposition gehören. Wer die zahlreichen Bilder der verschiedenen Jahre ansieht, beobachtet, daß Willibald oft nur Ausschnitte malt. Durch die Rotumrandung hat er hier wieder einen Ausschnitt geschaffen, ein Bild im Bild.

Auf Fahnen wird gerne ein besonderes Symbol dargestellt, der Halbmond, ein Stern, das Ankerkreuz o.ä. Willibald malt im unteren Bildteil einen Stein in der Symmetrieachse. Es ist kein Phantasiestein, sondern einer der zahlreichen Findlinge, die um die „Meierei" zu Tage gefördert werden bei Grabungen. Willibalds Wohnbereich liegt am Rand einer großen Gletschermoräne. Die Steine wurden in der Eiszeit von dem Gletscher weite Strecken transportiert und dabei abgeschliffen. Es entstanden die runden Findlinge. Einen solchen Stein in einem Bachbett malt Willibald in die Mitte. Das Wort Findling kommt von Finden und spiegelt das Staunen wider über einen solchen Fund. Auch Willibald ist fasziniert von einem solchen Stein.

VII. Zusammenfassung der Ergebnisse

Ich suche das Gesicht, das ich hatte, bevor die Welt erschaffen wurde (William Butler Yeats).

Der down-syndrome Willibald Lassenberger besitzt eine künstlerische Begabung, die trotz physischer und intellektueller Einschränkungen in den letzten Jahren sichtbar wurde. Es gelingt ihm, zumindest zeitweilig, Bilder aus dem grenzenlosen Reservoir des Unbewußten zu schöpfen und ihnen eine unverwechselbare Form zu geben. Dem Betrachter gibt er somit die Möglichkeit, diese wahrzunehmen und dabei Inhalte aufzunehmen, die in ihrem Symbolcharakter unser aller Leben berühren und unter Umständen auch verändern. Nimmt man die obige Äußerung des irischen Dichters auf, dann könnte das heißen, daß Willibald Lassenberger in seinen besten Stunden sich auf die Suche begibt nach seinem Gesicht – und dies ist in seinem Falle sogar wörtlich zu nehmen – und stellvertretend auch nach unserem Gesicht. Wenn immer dieses Gesicht aufleuchtet, wird die vordergründige ästhetische Betrachtungsweise abgelöst bzw. erweitert zu einer existentiellen Begegnung mit den Grundphänomenen unseres Lebens: Gut und Böse, Tod und Leben, Selbst, Maske, Zweigeschlechtlichkeit, Naturgewalt. Und doch ist Willibalds Künstlertum eingeschränkt, eben zuweilen behindert. Immer wieder fällt es ihm schwer, den Manierismus der selbsterfundenen Schemaformen zu überwinden und damit seinen Stil zu variieren und an neuere Gegebenheiten anzupassen. Oft aber gelingt es ihm, visuelle Wahrnehmungen und Vorstellungen einem inneren, unbewußten Denksystem (Arnheims „visuelle Schablonen") unter Favorisierung der symmetrisch bestimmten kanonischen Form, zu assimilieren und dann mit Hand und Pinsel sichtbar zu machen. Diese inneren Schemata sind hierarchisch strukturiert und stützen sich auf globale Formen. Es zeigt sich auch, daß trotz allem Selbstbehauptungswillen er durch Einflußnahmen (z.B. durch Betreuer, die sich nicht auf seine Bedürfnisse einstellen können bzw. kein Verständnis für künstlerische Qualität haben und ihn u.U. zu einer „realistischen Darstellungsweise" führen wollen) zuweilen unsicher wird. Es hat sich auch als günstig erwiesen, ihm Ruheperioden zu verschaffen, in denen er nicht zeichnet oder malt. Hat er diese Pausen nicht, dann kommt es zu einer Häufung von oberflächlichen, qualitätslosen Bildern, die in kurzen Abständen „heruntergemalt" werden.

Gibt es eine Entwicklung in Richtung Differenzierung von Formen und Farben und eine Ausweitung der Inhalte? Hat sich ein unverwechselbarer Stil ergeben? Beides trifft zu. Überblickt man das Werk insgesamt, so fällt die Vielfalt der Formgebungen und auch eine Vielfalt der behandelten Themen auf. Willibald Lassenberger erreichte eine stilistische Einheit, die freilich zuweilen stereotyp erscheint, insbesondere dann, wenn Konzentrationsschwächen auftreten oder wenn in allzu kurzer Zeit allzu oberflächlich gemalte Bilder entstehen. In den qualitätvollen Spitzenleistungen gelingt es dem Urheber aber, Form, Inhalt und Sinn zu einer makellosen Einheit zu verschmelzen.

Welche Einsichten hinsichtlich des Ablaufes bildnerischer Denkvorgänge – soweit sie sich im sichtbaren Gestalten und Handeln niederschlagen – sind gewonnen worden? Die entstandenen Bilder sowie die Beobachtungen zum Werden eines Bildes (auch mit den verfügbaren Videoaufnahmen nachvollziehbar) lassen folgende Schlüsse zu:

67

1. Willibald Lassenberger geht äußerst zielgerichtet vor. Es schaut so aus, als ob er eine ziemlich genaue Vorstellung von dem zu malenden Bild hat. Die erstaunliche Sicherheit in der Plazierung der Gestaltelemente legen diese Annahme nahe.

2. Das Grundgerüst eines Bildes wird mittels eines Liniengeflechtes in der Fläche ausgelegt und dann aus- und übermalend farblich markiert. Die lineare Vorzeichnung wird mit nachwandlerischer Sicherheit plaziert und dann malerisch mit Farben vervollkommnet. Wobei sich oft ein Gleichgewicht zwischen Form- und Farbdominanz ergibt. Diese verschiebt sich zur Jahreswende 1991/1992 zugunsten einer sehr sensiblen, farbdominanten Farbgebung, verbunden mit z. T. neuen Inhalten. Es gelingt Willibald Lassenberger also in seinem vierzigsten Lebensjahr einen Kreativitätsschub gestalterisch sichtbar zu machen.

3. Das Innehalten bei bestimmten Markierungen deutet an, daß das Entwickeln des Bildes nicht automatisch, wie etwa in einem Xerox-Kopiervorgang erfolgt, sondern von Denkvorgängen gesteuert wird. Willibald Lassenberger weiß nach einer gewissen Überlegungsspanne genau, wann ein Bild fertig ist.

4. Das alle bildnerischen Handlungen, alle Bewegungen der Hand und des Werkzeuges beherrschende Gestaltungsprinzip ist eine durch und durch symmetrisch orientierte Arbeitsweise, wobei auch hier nicht immer eine starre, rein iterative Symmetrie zum Vorschein kommt, sondern es sich um eine durchaus variable, spannungsreiche, aber doch entschiedene Form von Symmetrie handelt. Diese ist nicht nur am Endprodukt ablesbar, sondern passiert auch im Malvorgang selbst und erhält so einen ausgesprochenen ritualistischen Charakter.

Das Ritualistische und der damit verbundene synästhetisch-rhythmische Charakter dieses bildnerischen Tuns, weist auf Denk- und Wahrnehmungsvorgänge hin, die ihre Wurzeln in phylogenetisch frühen Phasen künstlerischen Tuns haben und insgesamt Frühformen des Erkennens (Brunner-Traut, 1990) beinhalten.

Der Vergleich mit dem Werk und der Person Jane Camerons aus Kanada, der ebenfalls down-syndromen und fast gleichaltrigen Frau, belegt die ganz erstaunliche Breite künstlerischer Ausdrucksfähigkeiten und Möglichkeiten bei zwei behinderten Persönlichkeiten, die in verschiedenen kulturellen und sozialen Umwelten aufgewachsen sind. Es gibt dabei ausgeprägte Ähnlichkeiten im formalen, weniger im inhaltlichen Bereich, aber auch große Unterschiede, besonders in der psychischen Struktur der beiden Urheber. In Teilbereichen der Darstellung ist Jane Cameron einfallsreicher. So erfindet sie eine Vielzahl von Darstellungsformen für Hände und Füße. Sie gibt dem Kreuzfüßler einen einzigartigen, gestaltnotenen Charakter und variiert, z.B. ihre Pferdedarstellungen auf eindrucksvolle, phantasievolle Weise. Willibald Lassenberger hingegen bleibt, was Füße und Hände oder Tiergestalten angeht, bei den einmal entwickelten Gestaltschematas, die er im allgemeinen nur geringfügig variiert. Willibald verhält sich seinen Bildinhalten gegenüber eher distanziert, er hütet sich z.B. offensichtliche Projektionen seines Selbst vorzunehmen.

Jane hingegen überzieht die Welt mit solchen Selbst-Projektionen, ja es kommt vereinzelt zu einer Art „Bedeutungsüberflutung". Sie reagiert hochsensibel, wie ein Seismograph, auf Gestaltanmutungen und psychische Spannungszustände in ihrer Umgebung. Willibald würde kaum auf die Idee kommen, sich selbst und seine Familie in Tiere oder gar zu Blumen verwandeln. Auch der Hang zum Androgynen, der ja beiden Künstlern eigen ist, beschränkt sich bei Willibald Lassenberger auf Personen außerhalb seiner Selbst, bei Jane schließt die Darstellung des Androgynen sie selbst und ihre Familie ein. Sie projiziert ihr Selbst in ihr ganzes Werk. Jane Cameron ist überall. Willibalds Selbst dagegen schimmert nur hie und da durch seine Gestalten, bleibt aber meistens maskiert. Es ist daher kein Zufall, daß Willibald Masken und Maskendarstellungen über alles liebt. Der Krampus, der maskierte, alpenländische Teufel, das ist Willibald selbst: Willibald der Krampus, bewehrt mit dem Blitz. Jane dagegen fühlt sich als Katze, ambivalent, einmal lieb und das andere Mal bös und mörderisch. Die Metapherndistanz und damit verbunden die Regressionstiefe sind bei Jane unvergleichlich stärker ausgeprägt als bei Willibald. Die seismographische Weltoffenheit Jane Camerons stellt aber auch eine Gefährdung ihrer künstlerischen Ausdruckskraft dar. Nämlich insofern, als sie auffordernden Einmischungen im gestalterischen Bereich fast schutzlos preisgegeben ist. Das bedeutet, daß sie eine beschützende Werkstatt, die einfühlsam, ohne Anpassungsdruck und dabei offen gegenüber ungewöhnlichen Gestalteinfällen geführt wird, unbedingt braucht. Hier hat sie den Freiraum, aber auch den stützenden Rahmen für ihre so fremdartig erscheinende Kunst. Und es ist eben die Werkstatt, die dieser Kunst Kontinuität und der Urheberin Sicherheit beschert. So kam es, daß die Rückkehr ins Elternhaus, nach einer 10jährigen, außerordentlich erfolgreichen Tätigkeit in der Werkstatt Le Fil d'Ariane den Beginn der Abschwächung, ja des Niedergangs der künstlerischen Produktion sowohl qualitativ wie quantitativ bedeutete.

Bei Willibald ist eine Schwächung der gestalterischen Kreativität – obschon auch er die 40-Jahresgrenze im Jahre 1992 überschreitet – noch nicht festzustellen. Im Gegenteil, Einzelleistungen scheinen von der Qualität her noch zuzunehmen. Allerdings ist die Gesamtproduktion ungleichmäßig. Bei Jane hielten alle Bilder, die sie seinerzeit in der Werkstatt produzierte, ein durchgehend hohes Niveau. Es gab da kaum Werke, die inhaltlich und formal einen Betrachter nicht ansprachen, erfreuten oder zum Nachdenken veranlaßten.

Bei beiden down-syndromen Künstlern erhebt sich nun die Frage, wird es nach dem 40. Lebensjahr einen Niedergang in der künstlerischen Produktion geben, wird das doch labile Wechselverhältnis von bildnerischem Denken, Darstellen mit der Hand und kreativer Wahrnehmungs- und Vorstellungsverarbeitung Bestand haben? Bei Jane scheint dieser Prozeß des Niedergangs, wie schon gesagt, begonnen zu haben. Freilich ist es noch nicht auszumachen, ob vielleicht der noch nicht ganz geklärte Zusammenhang von Trisomie 21 und dem Alzheimer Syndrom als Auslöser fungiert oder ob einfach der Weggang von der beschützenden Werkstatt der eigentliche Grund dafür ist. Bei Willibald Lassenberger jedenfalls gibt es noch keine Anzeichen eines Verfalls der künstlerischen Fähigkeiten. Im Gegenteil, diese scheinen eherher noch zuzunehmen.

Sieht man künstlerisches Tun als ein anthropologisches Phänomen an, das ein Wesensmerkmal des Menschen ist, dann kann man vermuten, daß das Leben und die Persönlichkeit des Willibald Lassenberger während dieser 12 Jahre sich verändert haben. Dies ist in der Tat so. Die Lebensqualität dieses vom Schicksal geschlagenen Menschen hat zugenommen. Er ist gesprächiger und gleichzeitig fröhlicher geworden, im Verhalten ungehemmter, aber auch selbständiger. Er genießt seine Rolle als Bildermacher. Die Beobachtung seines künstlerischen Verhaltens beim Malen und Zeichnen zeigt an, daß er wohl auch „Flow"-Zustände erfährt. Theaterspiel, Singen und das fleißige Sammeln von Bildern runden das Bild eines „musisch" gewordenen Menschen ab.

Können nun von dieser monographische Langzeitstudie (unter Einschluß der Paralleluntersuchung über das Werk und die Person Jane Camerons) und weiteren vielfältigen Beobachtungen im Umgang mit geistig Behinderten in verschiedenen Ländern, Schlüsse über fördernden Umgang mit down-syndromen, künstlerisch Begabten, vielleicht auch mit geistig Behinderten allgemein, gezogen und bzw. Empfehlungen gegeben werden?

1. Die Rolle einer kongenialen Werkstatt kann gar nicht überschätzt werden. Eine handwerksbezogene Ambiente des Schaffens und der Kompetenz, sowie die ermutigende Anwesenheit von Kollegen und fähigen, gut ausgebildeten, vertrauenswürdigen Betreuern ist wohl in vielen Fällen eine unabdingbare Voraussetzung für Selbstvertrauen, den kunstpraktischen Mut und die Ausdauer der Behinderten. Arbeitet der Behinderte daheim, so sind Ablenkungen aller Art sowie bewußte und unbewußte Einflußnahme und oft zweifelhafte qualitative Einschätzungen durch die engsten Familienmitglieder oft kontraproduktiv.

2. Für die künstlerische Entwicklung sind gezielte unterrichtliche Maßnahmen im allgemeinen nicht nötig. Es ist vielmehr empfehlenswert, ja eigentlich unabdingbar, für Anregungen synästhetischer und visueller Art zu sorgen; Denkanstöße zu vermitteln. Der fantasievolle und in konkrete Anschaulichkeit eingebundene Umgang mit erlebnishaltigen Erfahrungen ist gefragt.

3. Das Künstlertum der Behinderten ist in hohem Maße abhängig von einfühlendem Verständnis der Betreuer, die einen Blick für die künstlerische Qualität und für die Spannweite eigenartiger, ja zuweilen fremdartiger Kunstäußerungen besitzen müssen.

4. Auf keinen Fall darf die Bereitschaft sich bildnerisch zu betätigen, etwa durch Zuwendungsentzug oder Gleichgültigkeit erstickt werden. Freilich unterminieren undifferenzierte, übertriebene und stereotype Lobpreisungen wiederum die Glaubwürdigkeit der Betreuer.

5. Werden in einer Werkstatt Begabungen erkannt oder vermutet, sollten die Behinderten die Möglichkeit erhalten, ausdauernd im bildnerischen Metier zu arbeiten und somit freigestellt werden für die gegenüber den üblichen Arbeitsverfahren gleichwertige bildnerische Arbeit.

6. Da das künstlerische Tun der Bereich ist, in dem geistig Behinderte den Nichtbehinderten Gleichwertiges leisten und einen wertvollen Beitrag zur Zeitkultur vollbringen können, sollte in jeder Werkstatt ein gut ausgestatteter und genügend großer Atelierraum mit entsprechenden Nebenräumen vorhanden sein. Wenn es die räumliche Situation zuläßt, dies müßte ja bei vielen Werkstätten der Fall sein, könnte eine kleine Galerie eingerichtet und regelmäßig mit Kunstwerken aus der laufenden Produktion bestückt werden.

7. Ausstellungs- und Museumsbesuche sowie eine Ausstattung mit Kunstdrucken aller Art sollten ebenfalls zum Standard einer Werkstatt gehören.

Schlußwort

Beide Langzeituntersuchungen (Willibald Lassenberger: 12 Jahre, Jane Cameron: 18 Jahre) ermöglichten Einblicke in einer Tiefe und Vielfalt, die sich in quantitativ orientierten Untersuchungen nicht ergeben. Der Preis dafür besteht darin, daß statistische Verallgemeinerungen nicht vorgenommen werden können. Trotzdem festigte sich im Laufe der vielen Jahre freundschaftlichen Begegnens, Gebens und Nehmens, der freilich subjektive Eindruck, daß diese beiden Menschen eine spezielle Aura besitzen, die sie – als Down-Syndrome – von anderen Behinderten unterscheiden. Das künstlerische Tun (und bei Jane Cameron auch das prosodisch-poetische Sagen) der beiden hat Kräfte freigesetzt, die rätselhaft und geheimnisvoll erscheinen. Kräfte, die Ahnungen an eine archaische Zeit auslösen, in der die Mythen der Menschheit, eingebettet in Rituale, ihren Anfang genommen haben:

I am looking for the face I had before the world was made ...
William Butler Yeats

Anhang: Die Evangelische Stiftung de La Tour

Zwei Höfe der Stiftung am Fuße der „Gerlitzen"

Willibalds Welt, die „Meierei", mit den Blumen, Tieren und Bäumen, ist ein Teil der Evangelischen Stiftung de La Tour in Treffen bei Villach. Das Werk wurde im letzten Jahrhundert ins Leben gerufen, durch die wohltätige Gräfin Elvine de La Tour. Sie erwarb im Treffner Tal vier zum Kauf angebotene Bauernhöfe und richtete in diesen Heime für Kinder und Jugendli-che ein, die aus sozial schwierigen Verhältnissen stammten. Weit über 1000 Buben und Mädchen sind in diesen Häusern herangewachsen. Von 1895 bis 1939 führte die Stiftung eine private Volksschule mit Öffentlichkeitsrecht. Durch die Enteignung im zweiten Weltkrieg wurde die Kinderarbeit schwer getroffen und konnte nach dem Krieg nur in einem Haus weiter geführt werden. Die Schule wurde einem neuen Zweck zugeführt. Erweitert wurde der soziale Auftrag um die Behandlung von Alkoholabhängigen Männern und Frauen. Zu Beginn des zweiten Weltkrieges suchte eine Gruppe von Behinderten um Aufnahme an. Obwohl die Zeit nicht günstig war, sagte die Stifung zu und brachte die Gruppe gut durch die kritische Zeit des Nationalsozialismus. Aus der Gruppe wurde eine größere Behindertenarbeit, die heute in zwei Häusern geführt wird.

Der Landwirtschaft blieb die Stiftung bis zum heutigen Tag treu. Es wird sehr vieles für den Lebensunterhalt in den Höfen produziert. In der „Meierei" ist das Jungvieh der Stiftung untergebracht.

Die Stiftung gehört in den Bereich der Evangelischen Kirche in Österreich. Wir feiern zusammen Gottesdienste, haben in den Heimen Andachten, die biblischen Geschichten werden erzählt, es wird gefeiert und gesungen. In ökumenischer Offenheit wird bei der Aufnahme kein Unterschied gemacht zwischen evangelisch und katholisch.

Die Einrichtungen in den Bauernhöfen blieben klein und übersichtlich. Dies war die Voraussetzung, daß sich ein persönliches Leben in den Häusern entfalten konnte.

Im heutigen Kinderheim „Herrnhilf" wird viel musiziert, es werden kleine Theaterstücke eingeübt für das Jahresfest der Stiftung oder für andere Zusammenkünfte. Seit 20 Jahren führt die Stiftung Lehrwerkstätten für lernschwache Burschen. In diesen wird durchgehend für die Häuser der Evangelischen Stiftung produziert, alle neuen Fenster, Türen, Holzdecken, Geländer usw. sind aus eigener Produktion.

Zu den beiden Behinderteneinrichtungen „Meierei" und „Lindenschlößl" gehören Werkstätten, in denen die Behinderten einer geregelten Arbeit nachgehen. In diesen Werkstätten wird auch künstlerisch gearbeitet. Auch zu unserem Alten- und Pflegeheim gehört eine solche Werkstätte.

Als neuester Zweig kam 1981 die Sonderkrankenanstalt de La Tour dazu, eine Behandlungsstätte für Suchtkrankheiten. Zu diesem Haus gehört eine große Öffentlichkeitsarbeit, eine Beratertätigkeit für das ganze Land und auch wissenschaftliche Arbeiten auf dem Gebiet der Sucht.

Die Stiftung wurde in ihrer Geschichte in eine große Vielseitigkeit hineingeführt. Der Versuchung, eine soziale Monokultur zu werden, wurde stets widerstanden. Die Häuser sind eingebettet in die Wohnlandschaft des Tales. Bedingt durch die Streulage der Höfe sticht das Werk in Treffen nicht in die Augen. Die Einwohner haben die Sozialarbeit voll angenommen, sodaß unsere Heimbewohner in Treffen ein wirkliches Zuhause gefunden haben.

Für die Evangelische Stiftung de La Tour
Pfarrer Roland Ratz, Rektor

Fachwortverzeichnis

Androgynie
Vom Griechischen *Andros* = Mann und *Gyne* = Frau; Zweigeschlechtlichkeit, Zwitterhaftigkeit.

Aspektive
Steht im Gegensatz zur Perspektive; Bildpräsentation geschieht „fügend", mittels relativ selbständiger Einheiten (Brunner-Traut, 1990).

Bedeutungsperspektive
Bildteile, die emotionale Bedeutung haben, werden besonders groß gestaltet oder „deformiert".

Eidetik
Die Fähigkeit, vom Gedächtnis über längere Zeit aufbewahrte „Anschauungsbilder" zeichnerisch frei zu reproduzieren. Ungefähr 5% in den USA getesteter Grundschulkinder haben diese Fähigkeit (Gleitman, 1981).

Flow
„Fließen", sich selbst belohnende Erfahrung, gekennzeichnet durch konzentrierte psychische Energie; einswerden mit einer Tätigkeit, die keine Ablenkungen zuläßt.

Hermaphrodit
Zwitter (nach dem Sohn des Gottes Hermes und der Göttin Aphrodite genannt).

Horror vacui
„Angst vor der Leere", Haß auf die Leere, Tendenz, Bildformate übermäßig dicht zu füllen.

Idiosynkrasie
Von der Norm stark abweichendes Reaktionsverhalten in Form von Überempfindlichkeit. Im weiteren Sinne extreme Eigenartigkeit von Form- oder Farbgebungen.

Inversions- oder Ausdehnungsperspektive
Eine „unrealistische" Raumkonstruktion, in der sich die Projektionslinien nach hinten zu ausdehnen; anzutreffen u. a. in romanischer und ostasiatischer Kunst.

Isomorphie
Gestaltähnlichkeit, Strukturgleichheit, analoge Form.

Kanonische Form (Freeman, 1985)
Mustergültige Form mit optimaler Gestaltinformation. Tendenz, die Unversehrbarkeit der Gestalt zu bewahren: „Jeder Form ihren Raum, jeder Form ihre Grenzen".

Kinästhesie
Muskelsinnliche, vom Körpergefühl herrührende Empfindungen.

Konstanzphänomene
Objekte der Wahrnehmung behalten ihre gleichbleibenden, dem Betrachter seit jeher gewohnten Eigenschaften, trotz eventueller visueller Veränderungen, (z.B. perspektivischer oder farblicher Art)

Kontamination
„Verschmutzung", Vermischung ursprünglich selbständiger Formen und Inhalte zu einem neuen Ganzen.

Metapherndistanz („metaphor distance", Martindale, 1970)
Der Grad der Unvereinbarkeit der Elemente eines metaphorischen Vergleiches.

Neotenie
Fortdauer ontogenetisch früher Zustände oder Wachstumsphasen.

Ontogenese
Der Werdegang eines Lebewesens von der befruchteten Eizelle zum Alterstod.

Paleologisches Denken (Arieti, 1976)
Nicht-kausales, „wildes", an Ähnlichkeiten orientiertes Denken.

Pars-pro-toto
Ein Teil steht für das Ganze. Im primitiven Denken verankerte Vorstellung, daß ein Teil das Ganze repräsentieren kann, bzw. das Ganze tatsächlich ist.

Phylogenese
Entstehung und Entwicklung eines Lebewesens im Laufe der Stammes- oder Erdgeschichte.

Physiognomisierung
Ausdeuten von Formen durch Bezugnahme auf menschliche oder tierische Gestalten.

Prokrustesbett
Bezieht sich auf die globale Einfassung eines Themas; benannt nach Prokrustes, einem Riesen der griechischen Sagenwelt, der harmlose Wanderer mit brutaler Gewalt den Maßen seines Bettes anpaßte.

Prosodie
Das Verhältnis zwischen Ton und Wort, Betonung durch Rhythmus.

Synkretismus
Additive Vermengung / Verschmelzung gegensätzlicher Erscheinungen.

Trickster
Nach C. G. Jung eine mythologische, synkretische Figur mit undiffenziertem Bewußtsein, mehr ganzheitlich, ungeschickt, nicht angepaßt, schöpferisch

Übergangsobjekt („transitional object", Winnicott, 1956)
Verbindet Realität und Phantasie als Prototyp symbolischen Lebens, nimmt bei Kindern oft die Form von Decken oder weichem Spielzeug an.

Literatur

Aissen-Crewett, M.: Ästhetische Erziehung für Behinderte. Dortmund: Modernes Lernen 1987.

Arieti, S.: Creativity. New York: Basic Books 1976.

Arnheim, R.: Art and Visual Perception, The New Version. Berkeley: University of California Press 1974.

Arnheim, R.: „Art as Therapy", The Arts in Psychotherapy. 7 (1980), 247–251

Assmann, A.; Harth, D. (Hrsg.): Kultur als Lebenswelt wird Monument. Frankfurt: Fischer 1991.

Baumann, H.: Das doppelte Geschlecht. Berlin: Reimer 1955.

Brüne, W.: Eidetische Phänomene, Ratingen: Henn 1965

Brunner-Traut, E.: Frühformen des Erkennens. Darmstadt: Wissenschaftliche Buchgesellschaft 1990.

Cardinal, R.: Outsider Art. London: Studio Vista 1972.

Chall, J.S.; Mirsky, A.F.: Education and the Brain. Chicago: University of Chicago Press 1978.

Czikszentmihalyi, M.: Flow – The Psychology of Optimal Experience. New York: Harper 1991.

D'Aquili, E.G.; Langbein, C.D.; McManus, J. (Hrsg.): The Spectrum of Ritual. A Biogenetic Structural Analysis. New York: Columbia University Press 1979.

Dittmann, W.: Intelligenz beim Down-Syndrom. Heidelberg: Schindele 1982.

Ehrenzweig, A.: Ordnung im Chaos, München: Kindler 1974.

Ellis, D.: Sensory Impairments in Mentally Handicapped People. London: Aaron Helm 1986.

Fischer, R.: „Über das Rhythmisch-Ornamentale im Halluzinatorisch-Schöpferischen". Confinia Psychiatrica, 25 (1970), 1–25.

Freeman, N.H.; Cox, M.W. (Hrsg.): Visual Order. Cambridge: Cambridge University Press 1985.

Gazzaniga, M.S.: Das erkennende Gehirn. Paderborn: Junfermann 1989.

Gardner, H.: Frames of Mind. New York: Basic Books 1983.

Gebser, J.: Ursprung und Gegenwart. Bd. I. Stuttgart: DVA 1959.

Gebser, J.: Verfall und Teilhabe. Salzburg: Müller 1974.

Gleitman, H.: Psychology. New York: Norton 1981, Stichwort „Eidetic Imagery", 306, 307.

Gould, S.J.: Ontogeny and Phylogeny. Cambridge: Harvard University Press 1977.

Guilford, J.P.: „Creativity – its Measurement and Development". In: Parnes/Harding (Hrsg.): A Source Book of Creative Thinking, New York: Scribner 1962.

Hallpike, Ch.: Foundations of Primitive Thought. Oxford: Clarendon Press 1979.

Haber, R.; Haber, R.: „Eidetic Imigary: It's Frequency", Perceptual and Motor Skills, 19 (1984), 131–138.

Haber, R.: „Eidetic Images", Scientific American, 220 (1969), 36–44

Hassler, M.: Androgynie. Göttingen: Hogrefe 1990.

Hudson, L.: „The Question of Creativity". Vernon, P.E. (Hrsg.): Creativity. New York: Wiley 1970.

Hynd, G.; Obrzut, J. (Hrsg.): Neuropsychological Assessment and the Schoolaged Child. New York: Grune & Stratton 1981.

Jung, C.G.: „Zur Psychologie der Trickster-Figur". Die Archetypen und das kollektive Unbewußte. Gesammelte Werke, 9, Band II. Olten: Walter 1976.

Kläger, M.: „Nonverbal Thinking and Problems of Decoding – Exemplified by Art Works of Developmentally Disabled Persons". American Journal of Art Therapy, Vol. 31, 2 (1992).

Kläger, M.: Phänomen Kinderzeichnung. Baltmannsweiler: Schneider 1990.[2]

Kläger, M.: „Die Kunst Willibald Lassenbergers – Ein Zwischenbericht". Geistige Behinderung, 1 (1986), 50-58.

Kläger, M.: „Neuere Amerikanische Untersuchungen zum bildnerischen Verhalten geistig Behinderter". Geistige Behinderung, 2 (1986), 136–139.

Kläger, M.: Jane C. – Symbolisches Denken in Bildern und Sprache. München: Reinhardt 1978.

Kombring, U.: Bildnerisches Gestalten als Entwicklungsförderung bei geistig Behinderten. Gießen: Institut für Heil- und Sonderpädagogik 1987.

La Brecque, M.: „Photographic Memory". Leonardo, 5 (1972), 347–349

Landau, F.: Mut zur Begabung. München: Reinhardt 1990.

Langer, S.: Philosophie auf neuem Wege. Frankfurt: Fischer 1965.

Lauf, D.: Ursprung und schöpferisches Werden. Stuttgart: Schlichter 1987.

MacKinnon, D.W.: The Personality Correlates of Creativity – A Study of American Architects, 1962.

Maddi, S.R.: „The Strenousness of Creative Life". Taylor/Getzels: Perspectives in Creativity, Chicago: Aldine 1975.

Markowitz, I.: „Origins of Creativity". Psychiatric Quarterly, 2 (1972)

Martindale, C.: Romantic Progression: The Psychology of Literary History, Washington, D.C.: Hemisphere 1975.

Müller, W.: Neue Sonne – neues Licht. Berlin: Reimer 1981.

Murken, J.; Dietrich-Reichart, E. (Hrsg.): Down-Syndrom. Starnberg: Schulz 1990.

Navratil, L.: Johann Hauser, Kunst aus Manie und Depression, München: Rogner und Bernhard 1978.

Osborne, H.: Aesthetics and Art Theory. New York: Dutton 1970.

Petersen, P.: Ansätze kunsttherapeutischer Forschung. Heidelberg: Springer 1990.

Raehs, A.: Zur Ikonographie des Hermaphroditen. Frankfurt: Lang 1990.

Rentschler, I.; Herzberger, B.; Epstein, D. (Hrsg.): Beauty and the Brain. Basel: Birkhäuser 1988.

Read, H.: The Forms of Things Unknown. London: Faber & Faber 1960.

Richter, H.G.: Kinderzeichnung. Düsseldorf: Schwann 1987.

Riedel, I.: Bilder in Therapie, Kunst und Religion. Stuttgart: Kreuz 1988.

Rose, C.: The Power of Form. New York: International University Press 1980.

Rubin, B.M.: „Naturalistic Evaluation: Its Tenets and Application". Studies in Art Education, 24 (1982), 57–62.

Rett, A.: Mongolismus. Bern: Huber 1977.

Sacks, O.: The Man Who Mistook his Wife for a Hat. New York: Harper & Row 1987.

Stamatelos, Th.; Mott, D.W.: „Creative Potential among Persons Labelled Developmentally Delayed". The Arts in Psychotherapy, 12 (1985), 101–113

Theunissen, G. (Hrsg.): Ästhetische Erziehung bei Behinderten. Ravensburg: Maier 1980.

Tönne, R.: Bildnerische Erziehung an Sonderschulen. Berlin: Marhold 1976.

Torrance, E.P.: Torrance Tests of Creative Thinking. 1966.

Werner, H.: Comparative Psychology of Mental Development. New York: International University Press 1973.

Winnicott, D.W.: „Transitional Object and Transitional Phenomena". International Journal of Psychoanalysis, 34 (1953), 94–95.

Wolandt, G.; Bärthlein, K. (Hrsg.): Lehrstücke der praktischen Philosophie und der Ästhetik. Stuttgart: Schwabe 1977.

Einzelausstellungen

Stuttgart, Galerie Wardaschko, 1983

Heidelberg, Pädagogische Hochschule, 1983

Balingen, Gemeindezentrum, 1983

Treffen, Gemeindeamt, 1984

Waiern, Kärnten, Diakoniewerk, 1985

Klagenfurt, Galerie Inge Freund, 1985

Gallneukirchen, Oberösterreich, 1986

München, Kulturamt Unterhaching, 1987

Villach, Bank für Kärnten und Steiermark, 1989

Klagenfurt, Galerie Judith Walker, 1992

Klosterneuburg, Schömer-Haus, 1992

Videofilme des Audiovisuellen Zentrums (AVZ) der Pädagogischen Hochschule Heidelberg (1991/1992)

– Denken mit der Hand – wie ein Kunstwerk entsteht

– Thinking with the Hand – A Work of Art Takes Shape

– Krampus und Auferstehung – Versuch einer Interpretation

– Hochzeitsbild und Friedhof – von der Linie zum Fleck

– Willibald Lassenberger, ein down-syndromer Künstler in der Evangelischen Stiftung de La Tour

Veröffentlichungen von Bildern

Kongreßbericht INSEA 1981 – INSEA Pre-Conference on Research, Enschede: National-Institute, S. 64.

Geistige Behinderung, 4 (1984), S.- IV, V, VI.

Geistige Behinderung, 1 (1986), S. 50-58

ART, Nr. 2, 2 (1987), S. 14.

Künstler aus Stetten, Katalog der gleichnamigen Ausstellung, 1987, Stuttgart: Wittwer, S. 30–33.

Kunstpädagogische Einsichten, Baltmannsweiler: Schneider 1987, S. 246, 240, 237.

Zur Orientierung, 4 (1990), S. 34, 35.

Phänomen Kinderzeichnung, Baltmannsweiler: Schneider 1990, S. 97.

Feste (Beilharz R./ Frank, G., Hrsg.), Weinheim: Deutscher Studienverlag 1991, S. 102.

Seh-Weisen, Kalender der Lebenshilfe 1992, Monat September.

American Journal of Art Therapy, vol. 31, 2 (1992)

Fotonachweis

Die Fotographien auf den Seiten 3, 5, 6, 13, 23 stammen von W. Ulrich, Heidelberg, die übrigen vom Autor